新疆财经大学学术专著出版基金资助项目

城市群空间结构
对城市绿色经济效率的影响研究

陈 妍 / 著

企业管理出版社
ENTERPRISE MANAGEMENT PUBLISHING HOUSE

图书在版编目（CIP）数据

城市群空间结构对城市绿色经济效率的影响研究 / 陈妍著. -- 北京：企业管理出版社，2023.12
ISBN 978-7-5164-2909-9

Ⅰ.①城… Ⅱ.①陈… Ⅲ.①城市群—空间结构—影响—绿色经济—经济效率—研究—中国 Ⅳ.①F299.21

中国国家版本馆CIP数据核字（2023）第182826号

书　　名：	城市群空间结构对城市绿色经济效率的影响研究
书　　号：	ISBN 978-7-5164-2909-9
作　　者：	陈　妍
责任编辑：	李雪松
出版发行：	企业管理出版社
经　　销：	新华书店
地　　址：	北京市海淀区紫竹院南路17号　邮　编：100048
网　　址：	http://www.emph.cn　电子信箱：emph001@163.com
电　　话：	编辑部（010）68701638　发行部（010）68701816
印　　刷：	北京亿友创新科技发展有限公司
版　　次：	2023年12月第1版
印　　次：	2023年12月第1次印刷
开　　本：	710mm×1000mm　1/16
印　　张：	14
字　　数：	179千字
定　　价：	68.00元

版权所有　翻印必究　·　印装有误　负责调换

前　言

在历经多年的经济高速发展后，我国目前正处于经济转型的新常态时期，试图将粗放型经济增长方式转变为集约型经济增长方式。何种经济集聚的规模与分布模式更有利于经济增长方式的转变成为一个亟待解决的问题。具体来说，在新冠疫情突袭而至、国际形势复杂动荡和环境恶化等不利因素的叠加影响下，中国城市群在经济集聚规模上应该走经济集聚程度较高还是经济集聚程度较低、经济集聚在分布模式上偏向单中心分布还是更偏向多中心分布的绿色经济发展道路？这一问题至今未获得学界共识。

本书利用我国主要城市群及其内部城市的经验数据，以城市群空间结构表征城市群经济资源配置的集聚程度与集聚分布方式，研究城市群空间结构对其内部城市绿色经济效率的影响，以期得出何种城市群经济资源配置集聚程度和集聚分布方式更有利于经济的可持续发展等主要结论，对经济增长理论和集聚经济理论加以补充和验证。研究有利于促进城市群经济集聚空间结构的优化和进一步验证与把握绿色可持续经济增长的发展规律，为我国城市群的发展方向、要素分配、经济政策等提供理论支持。

本书首先以文献研读和理论修习为出发点，凝练出了城市群与经济研究的结合点——怎样的经济资源配置集聚程度和集聚分布方式对其经济可持续发展更有利？再回归到理论打磨，在经济增长理论、经济集聚理论、经济集聚空间结构理论的基础上，提出了"城市群空间结构自优化理论"。该理论凝练了三大城市群自优化效应，包括城市群的增长极加速形成效应、集聚不经济调节效应与城市群等级优化效应；做出了城市群空间结构优化演进的历史发展阶段及其优化发展对应的结构特点的假设；指出绿色经济是一个历史命题，城市群空间结构的产生与发展始于人类对自然资源的有效利用，带动了绿色经济的发生与发展；每当城市群结构发展失衡，例如出现集中度过低、集聚不经济或城市集聚、扩散"轴"断裂等情况时，城市群自优化效应就开始显效。这一过程是由长期量变引发的质变，但可经由人为调整而减速或加速。城市群空间结构在演变过程中，不断推动绿色经济的发展。

本书以城市群空间结构对其内部城市绿色经济效率影响理论分析框架为出发点和落脚点展开研究，选取我国主要15个城市群的186个地级以上城市为研究对象，收集、整理2008至2017年的经济发展数据，利用位序—规模法则、社会网络分析等方法构建城市群结构变量，利用数据包络分析方法中的超效率SBM模型对城市绿色经济效率加以测度，在权衡利弊后，最终选择利用系统GMM模型测度城市群空间结构对其内部城市绿色经济效率的影响。

研究主要得出了以下九点主要结论。

第一，我国城市群的经济发展持续向好，城市群正处于成长与发展阶段。

第二，我国大部分城市群偏向多中心空间结构，并表现出更偏向多中心变化的趋势。集中度的高低与城市群经济发展情况具有一定的关联。

第三，我国城市群内部城市的绿色经济效率整体情况不如人意，但呈现持续增加的趋势，城市间绿色经济效率的差距正不断缩小。绿色经济效率的波动受到纯技术效率的影响更多，而规模效率则起到了支撑作用。

第四，城市绿色经济增长具有外部性。

第五，多中心、高集中度的城市群空间结构更有利于促进绿色经济效率的提高。

第六，绿色经济效率及其纯技术效率和规模效率均具有较强的自增强效应。

第七，多中心、高集中度分布对纯技术效率和规模效率有促进作用，但最主要是通过影响纯技术效率对绿色经济效率产生影响。

第八，城市群中心度主要是通过促进城市群基础设施水平的提高，作用于其内部城市的绿色经济效率。

第九，城市的经济集聚程度、市场化程度、产业结构优化程度和知识溢出水平对绿色经济效率的提高更为有利，而城市外商直接投资和网络中心度都没有对绿色经济效率起到促进作用。

根据研究结论，本书提出如下五条政策建议。

第一，对不同空间结构的城市群采取不同措施，助力城市群向多中心、高集聚结构发展，加速城市群自优化效应，提高绿色经济效率。首先，多中心、高集聚度的城市群应大力促进知识与技术创新，发挥"知识网络"效应和"互借规模"效应；其次，高集聚—单中心城市群可以一边采取措施缓解集聚不经济，一边转移经济集聚，推动城市群等级优化效应；再次，低集聚—多中心城市群中，对于未达到高集中度前就已形成多中心结构的城市群，应先利用增长极加速培育效应，打造强力增长极，而对于主要中心城市经济集聚度高但次级中心城市的经济集聚度较低的城市群，应在缓解主要中心城市集聚不经济的同时，加速次级中心城市的经济集聚；最后，低集聚—单中心的城市群可先增加已有中心城市的经济集聚程度，再利用集聚与扩散效应打造次级中心城市。

第二，要善加利用绿色经济效率的自增强效应，采取不断优化城市群空间结构、完善相关体制与机制、培养良好的意识与习惯、促进管理与技术的创新、制定持续而长久的绿色经济促进政策等措施，使本期较高的绿色经济效率为下一期提供一个优化的发展基础与平台，为绿色经济效率的持续提高创造良好条件。

第三，在稳步提升规模效率的基础上提高纯技术效率。从为管理与技术的进步提供良好条件着手，不断提高整个城市群的纯技术效率。

第四，通过稳步、有规划地进行基础设施建设，提高城市内部的经济集聚程度、市场化程度、知识溢出水平，大力发展服务业，从而提高绿色经济效率。

第五，通过综合实施提升绿色经济效率、提高城市内部的经济集聚程度、提高市场化程度、大力发展服务业、提高城市的知识溢出水平等相关措施，有效提升城市的绿色经济效率。

目 录

第1章 引 言 / 1

  1.1 研究背景与意义 / 1

    1.1.1 研究背景 / 2

    1.1.2 研究意义 / 7

  1.2 国内外研究综述及评价 / 8

    1.2.1 城市群空间结构 / 9

    1.2.2 绿色经济效率 / 18

    1.2.3 空间结构对绿色经济效率的影响 / 21

    1.2.4 评述 / 26

  1.3 研究内容、方法与研究思路 / 27

    1.3.1 研究内容 / 27

    1.3.2 研究方法 / 29

    1.3.3 研究思路 / 30

  1.4 拟突破的重点与难点 / 33

    1.4.1 拟突破重点 / 33

    1.4.2 拟突破难点 / 33

  1.5 数据说明 / 34

第2章 主要概念界定与理论基础 / 35

  2.1 主要概念界定及辨析 / 35

    2.1.1 城市群 / 35

2.1.2 城市群空间结构 / 39
2.1.3 绿色经济效率 / 40
2.2 理论基础 / 41
2.2.1 经济增长理论 / 41
2.2.2 经济集聚理论 / 44
2.2.3 经济集聚空间结构理论 / 46
2.3 理论分析框架的构建 / 55
2.3.1 城市群可持续发展与空间结构的形成演进机制 / 55
2.3.2 城市群空间结构对绿色经济效率影响理论分析框架 / 61
2.4 本章小结 / 69

第3章 我国城市群空间结构的测度及演变分析 / 70

3.1 我国城市群发展概况 / 70
3.1.1 范围界定 / 70
3.1.2 各城市群现状 / 77
3.1.3 经济发展概况 / 88
3.1.4 基本空间结构概况 / 96
3.1.5 经济联系概况 / 104
3.1.6 发现与讨论 / 116
3.2 城市群空间结构的测度方法 / 117
3.2.1 城市群中心度的测度 / 118
3.2.2 城市群集中度的测度 / 120
3.3 城市群空间结构的测度结果及演变分析 / 122
3.3.1 城市群中心度测度结果及演变分析 / 122
3.3.2 集中度的测度结果及演变分析 / 129
3.3.3 发现与讨论 / 131
3.4 本章小结 / 132

第4章 我国城市群内部城市绿色经济效率的测度及演变分析 / 134

4.1 绿色经济效率测度理论分析 / 134
4.1.1 经济效率测度 / 134
4.1.2 绿色经济效率测度 / 136

4.2 实证分析 / 137
4.2.1 测度方法 / 137
4.2.2 指标选取 / 138
4.2.3 测度结果及演变分析 / 143

4.3 本章小结 / 152

第5章 城市群空间结构对绿色经济效率影响实证分析 / 154

5.1 模型构建 / 154
5.1.1 基准计量模型 / 154
5.1.2 动态面板计量模型 / 155
5.1.3 作用机理与传导机制计量模型 / 156
5.1.4 面板分位数模型 / 158

5.2 变量说明 / 159
5.2.1 被解释变量 / 159
5.2.2 核心解释变量 / 160
5.2.3 中介变量 / 161
5.2.4 控制变量 / 162
5.2.5 变量描述性统计 / 165

5.3 模型测度与结果分析 / 167
5.3.1 面板单位根检验 / 167
5.3.2 基准计量与动态面板模型估计结果与分析 / 168
5.3.3 作用机理与传导机制模型测度结果与分析 / 177
5.3.4 稳健性检验 / 183

5.4 本章小结 / 187

第6章 主要结论与对策建议 / 188
 6.1 主要结论 / 188
  6.1.1 关于我国城市群发展现状的主要结论 / 188
  6.1.2 关于我国城市群空间结构及其演变特征的主要结论 / 188
  6.1.3 我国城市群内部城市绿色经济效率及其
     演变特征的主要结论 / 189
  6.1.4 关于城市群空间结构影响城市绿色经济效率的主要结论 / 189
 6.2 城市群空间结构优化与绿色经济效率提高对策建议 / 191
  6.2.1 加速城市群自优化效应 / 191
  6.2.2 善加利用绿色经济效率的自增强效应 / 194
  6.2.3 在稳步提升规模效率基础上提高纯技术效率 / 194
  6.2.4 稳步、有规划地进行基础设施建设 / 195
  6.2.5 综合施策提升绿色经济效率 / 195

第7章 创新之处与研究展望 / 196
 7.1 研究的创新之处 / 196
 7.2 不足之处与展望 / 197

参考文献 / 200

第1章 引 言

1.1 研究背景与意义

在历经多年的经济高速发展后，我国近年处于经济转型的新常态时期。党的二十大强调，"中国式现代化是人与自然和谐共生的现代化"，我国到2035年的总体目标之一即为"广泛形成绿色生产生活方式，碳排放达峰后稳中有降，生态环境根本好转，美丽中国建设目标基本实现"。党的二十大报告提出并贯彻"新发展理念"、着力"推进高质量发展"、推动"构建新发展格局"、"坚持绿水青山就是金山银山理念"、健全生态文明制度体系，试图将资源消耗量大、污染排放高的、以数量的增长和速度为中心的粗放型经济增长方式，转变为有利于减少资源浪费、保护生态环境、有利于实现可持续发展的、以提高经济增长质量和经济效益为中心的集约型经济增长方式。何种经济的集聚规模与分布模式更有利于我国经济增长方式的进一步转变，成为一个亟待解决的问题。

作为肩负支撑我国经济增长，促进各区域协调发展，参与各层次国际竞争与合作重大责任的城市群，理所应当地成为我国转变经济增长方式，大力发展绿色经济的前沿阵地。"中国到底应该走大城市占主导，还是中小城市为重点的发展道路？"这一至今未获得学界共识的，兼具理论与现实意义的问题被具体化为：中国城市群应该走经济集聚程度较高还是经济集聚程度较低，经济集聚更偏向单中心分布还是更偏向多中心分布的绿色经济发展道路？

1.1.1 研究背景

随着我国经济增长模式的转变与改革的纵深，城市群在我国经济发展过程中的地位愈发重要，其空间结构的演化和经济增长模式的演变趋势与有利发展方向成为关注焦点。城市群空间结构的演化不仅反映为城市的人口、经济等资源在地理位置上的分布情况的变化，更表现出地区范围中经济要素集聚程度、集聚方式等所影响的经济增长模式的演变。

1.1.1.1 受国际形势和环境恶化的影响，找到一种有利于我国可持续发展的经济增长模式变得更为紧迫

长期经济高速增长所滞留的环境污染、资源趋紧、产能过剩、供需不平衡、技术创新能力不强、区域发展不均衡、劳动力成本上升等问题已经成为我国经济可持续增长的阻碍。改革开放四十余年来，中国逐渐成为世界上经济增长最快的主要经济体之一，在新冠疫情之后的复苏也较为稳固，有着十分强劲的动能。根据国际货币基金组织（IMF）的分析，中国GDP每增长1%，会拉动亚洲其他国家的经济增长0.3%，IMF总裁克里斯塔利娜·格奥尔基耶娃更是预测，2023年中国对世界经济增长的贡献率很可能超过三分之一。

近几年，我国大力推进经济发展稳速提质，深入贯彻落实供给侧结构性改革，提倡建立"资源节约型，环境友好型"社会，"十三五"期间确立"绿色"发展理念，党的十九大提出加快生态文明体制改革和建设美丽中国的愿景，党的二十大指出尊重自然、顺应自然、保护自然，是全面建设社会主义现代化国家的内在要求；必须牢固树立和践行绿水青山就是金山银山的理念，站在人与自然和谐共生的高度谋划发展。"十四五"规划甚至首次没有进行GDP具体目标的设置，说明我国经济已经彻底转入高质量

增长阶段，不再简单地以GDP及其增速论英雄。这些都表明中国已经深刻认识到转变经济增长模式，发展绿色经济的重要性。

在全球经济经历了新冠疫情的冲击之后，国际经济和金融环境对我国均不是十分有利。由于新冠疫情突袭而至，世界经济出现了衰退，我国经济也受到了冲击。

目前的国际环境也对我国经济发展不是十分有利。持续的中美贸易摩擦不仅打击了中美进出口贸易和投资者信心，还令相关跨国公司价值链断裂，跨境投资与技术共享受阻，给两国经济造成了下行压力。

但换一个角度可以看到，重重阻力同时也带来了不可多得的机遇。首先，由于所采取的抗击新冠疫情措施果断而坚定，疫情对中国经济的影响是短期和外在的。其次，中美贸易摩擦使得我国减少对外部技术和市场的过度依赖，更注重提升自身研发能力，挖掘国内需求与开拓其他国家和地区的业务能力，进一步优化自身产业结构，增强自身经济的可持续发展能力与发展韧性。最后，新冠疫情和国际环境的不利更加坚定了我国摒弃"粗放型"增长模式，推动经济增长向绿色效率驱动转型的决心。将以资源、能源高耗及环境污染为代价的粗放式经济增长模式转型为集约式经济增长模式已经成为我国的国家发展战略。党的十九大报告提出"坚持质量第一、效率优先"，提升经济发展的质量和效率是我国经济发展的必然选择。党的二十大报告指出"中国式现代化是人与自然和谐共生的现代化。人与自然是生命共同体，无止境地向自然索取甚至破坏自然必然会遭到大自然的报复。我们坚持可持续发展，坚持节约优先、保护优先、自然恢复为主的方针，像保护眼睛一样保护自然和生态环境，坚定不移走生产发展、生活富裕、生态良好的文明发展道路，实现中华民族永续发展。"

在新冠疫情影响和国际环境不利的重重压力下，中国无疑应该着手寻找适合本国的经济增长模式，沉着应对。在这一背景下，找到有利于我国经济可持续发展的绿色经济增长模式显得更为紧迫。

1.1.1.2 城市群对我国经济增长模式的转变意义重大

城市群在我国经济发展中扮演重要角色，转变我国的经济增长模式首先要转变我国城市群的经济增长模式。

我国主要的十五个城市群以占全国大约四分之一的总面积，却聚集了超过80%的经济总量，堪称目前乃至将来中国经济发展最具活力也最具潜力的区域。城市群目前已经成为区域竞争中心，在我国现代城镇化发展中也扮演着重要角色。其不断发展对于我国扩大内需、带动就业、拉动投资、推动经济结构优化转型、促进城乡一体化发展、提高人民生活质量和人的全面发展等方面所起作用均至关重要。

2006年3月召开的第十届全国人民代表大会第四次会议批准的《中华人民共和国国民经济和社会发展第十一个五年规划纲要》明确提出"要把城市群作为推进城镇化的主体形态"，形成"高效协调可持续的城镇化空间格局"。在此期间我国城市群逐步发展成型，同时显露出城镇化数量、规模及质量不平衡，两极分化严重的态势。于是，"十二五"规划纲要提出要"以大城市为依托，中小城市为重点，逐步形成辐射作用大的城市群，促进大中小城市和小城镇协调发展"。2014年，中共中央、国务院印发了《国家新型城镇化规划（2014—2020年）》，用以对我国城镇化的健康发展进行战略性的全面规划与指导，以贯彻落实"走中国特色新型城镇化道路、全面提高城镇化质量"的新要求，城市群被定位为我国加快推进城镇化进程的主体形态，肩负着支撑我国经济增长，促进地区均衡发展与可持续发展的使命。"十三五"规划纲要再次强调要"坚持以人的城镇化为核心、以城市群为主体形态、以城市综合承载能力为支撑"。党的二十大报告指出，要以城市群、都市圈为依托，构建大中小城市协调发展的格局。

"十四五"规划专门给出了具体的城镇化突破方向,即发展与壮大城市群和都市圈,在全国全面地形成"两横三纵"的城镇化战略格局。

在城市群连续十余年被提升为推进国家新型城镇化空间主体的同时,城市群经济的可持续发展议题多次出现在我国五年规划纲要、全国人大会议报告、中央经济工作会议领导讲话等重要文件中,说明城市群经济增长模式转变的重要性。

城市群经济增长模式的向好转变不仅能够为全国经济增长模式的转变起到带头作用,也能为全国经济提供增长动能,为今后较长时期我国经济的稳速高质可持续增长提供强有力的支撑。

在这一背景下,城市群可以作为我国转变经济增长模式,大力发展绿色可持续经济的突破口,在目前的挑战和机遇中发挥较大的支撑与引领作用。

1.1.1.3 何种经济集聚模式更有利于我国城市群的绿色可持续经济发展成为亟待解决的问题

为了应对复杂的生存发展环境,我国城市群的发展模式与空间格局正在积极进行调整与改变。党的二十大报告提出要促进区域协调发展,深入实施区域协调发展战略,构建"高质量发展的区域经济布局和国土空间体系"。"十四五"规划强调要完善新型城镇化战略,提升城镇化发展质量,完善城镇化空间布局,即要发展壮大城市群,同时分类引导大中小城市发展方向和建设重点,形成疏密有致、分工协作、功能完善的城镇化空间格局。中国发展研究基金会2023年1月发布的《新基建与城市群高质量发展》报告认为,当前中国城市群已进入集约发展期。城市群在提高经济效率等方面具有强大优势,将会在推动形成以国内大循环为主体、国内国际双循环相互促进的新发展格局中起到更为重要的作用。

经济集聚的规模与分布是城市群形成和发展的动力,也决定着城市群未来发展的方向。在经济全球化和区域经济一体化的深刻影响下，区域经济空间结构发生了较大变化，尤其是交通基础设施与信息技术的高速进步推动人、财、物、信息等资源在城市间快速流动，促进了资源在城市群中心节点的集聚规模不断扩大，重构了各城市节点之间的关系，不仅形成了不同结构的城市群主体，而且还不断促进了区域经济空间结构进一步的变化与调整。

在经济不断发展，城市群结构不断演变的同时，世界各国不约而同地试图在城市群层面解决经济的绿色可持续发展相关问题。在东京、纽约、伦敦、巴黎等世界级城市群近年的发展规划或未来愿景中，经济可持续发展均为主题之一。例如，美国纽约城市群2017年版规划主要应对的问题是在环境约束下进一步发展；日本首都圈自上而下有针对性地制定规划，力求解决中心城市密度过高、基础设施老旧、环境恶化等发展中遇到的核心问题。我国中央城市工作会议多次指出要转变城市发展方式，着力解决城市病等突出问题，提高城市环境质量。多个城市群发展规划中都着重提到了绿色可持续经济发展的相关问题。例如，《成渝城市群发展规划》将成渝城市群定位为"美丽中国的先行区"，要构建高品质人居环境；促进绿色发展、大力发展绿色制造等有力举措出现在了《长江中游城市群发展规划》中；《关中平原城市群发展规划》指出，"将生态文明理念全面融入城市群建设全过程""形成节约资源和保护环境的空间格局""推动城市群绿色永续发展"。

经济要素的分布应该更加集聚抑或更加分散，单中心集聚还是多中心集聚？考虑到以上研究背景，究竟何种城市群发展模式更适合我国目前的经济绿色可持续发展，可以以是否有利于绿色经济效率的提高作为衡量指标。

1.1.2 研究意义

在 Glaeser 等学者"中国到底应选择单中心巨型城市，还是多中心、中规模城市网络化发展模式"的诘问下，研究我国近期主要城市群的经济集聚规模与分布，即空间结构究竟如何在资源、环境约束下影响绿色经济效率，何种空间组织方式的城市群对经济的绿色可持续发展更为有利等问题具有较强的理论和现实意义。

1.1.2.1 理论意义

本书的理论意义之一在于有助于进一步发展在绿色经济理论范式下的经济增长效率研究，对现代经济增长理论进行补充和验证。本研究将经济增长的效率问题与经济增长的环境约束问题合二为一，借鉴Schou、Aghion和Howitt等学者将自然资源、环境因素作为内生要素引入生产函数的方法，以城市群为载体进行绿色经济效率的经验研究，是对经济增长理论的补充与验证。

本书的理论意义之二在于有助于对集聚经济理论进行补充和验证。第一，空间结构的集聚程度、集聚形态均是要素组织方式的空间表现形式，探究空间结构对绿色经济效率的影响，有助于从资源、环境约束的视角研究与验证要素集聚的经济效率。第二，将集聚经济理论的经验研究视角从产业层面或市域等较小的地理空间尺度，转向较广阔的城市群视角，是对该理论的进一步补充和验证。

1.1.2.2 选题的现实意义

本书的现实意义主要有如下两点。

第一，有利于促进我国主要城市群经济集聚空间结构的优化。测度分析我国主要城市群的空间结构并描述其演变情况，能够厘清所研究城市群的经济集聚空间结构是分散还是集中，经济集聚的中心是单一还是多个，具体为哪个（些）城市，有利于进一步制定有针对性的城市群规划布局政策，优化配置资源，带动整个区域绿色经济的增长。

第二，有利于进一步验证与把握绿色可持续经济增长的发展规律，为我国城市群的发展方向、要素分配、经济政策等提供理论支持。本书拟通过理论与实证研究，找出具备哪些特点的城市群经济集聚空间结构更有利于经济的长期可持续发展，并以绿色经济效率为标准对其进行衡量。尝试以此为基础，给出我国城市群的经济集聚空间结构布局优化的对策建议，为有的放矢地出台相应政策及在维持长期可持续发展基础上更好地发挥增长极的辐射带动作用提供参考依据。

1.2 国内外研究综述及评价

本书使用中文CNKI中国知网总库数据库和外文Web of Science全文数据库，根据研究题目与内容的关联度进行了文献检索。截至2023年3月28日，在中文数据库中检索到主题词为"经济集聚"的期刊论文共4601篇，"经济效率"的期刊论文共22772篇，主题词同时包含"经济集聚"与"经济效率"的论文有211篇，主题词同时包含"空间结构"与"经济效率"的论文有96篇；主题词是"绿色经济效率"的期刊论文有604篇，同时包含"城市群""空间结构"与"经济效率"的有56篇，而同时包含"城市群""空间结构"与"绿色经济效率"的文献则仅有5篇。

在外文Web of science数据库中检索到主题词为"economic efficiency"的文献共28019篇，主题词包括"green efficiency"或"eco-efficiency"的期刊论文8704篇，包含"spatial structure"与"economic efficiency"有540篇，包含"spatial structure"与"green efficiency"或"eco-efficiency"的有8篇，

而主题词既包含"urban agglomerations"或"metropolitan",又包括"spatial structure"与"green efficiency"或"eco-efficiency"的文献有8篇。这8篇文献全部是基于中国数据的研究,其中有三篇的研究内容分别为中国金融发展、工业用水、火力发电厂的绿色经济效率,有两篇主要研究中国的海洋经济效率,一篇是关于城市群绿色经济效率的测度与影响因素的。还有一篇的研究问题是关于城市群是否能够促进城市绿色经济效率的提高,与本书的研究内容较为相关。

以上文献查阅情况表明,国内外学者在城市群空间结构方面的研究内容非常丰富,研究的角度与方法多种多样,基于城市群空间结构与经济效率视角的研究仅占其中的一小部分,有关城市群空间结构与绿色经济效率的文献非常少见。

虽然在中外文献中,关于城市群空间结构对绿色经济效率影响的研究成果寥寥。但考虑到在经济学角度,城市群空间结构的本质是经济活动的集聚程度与集聚分布状态,绿色经济效率的本质是资源与环境约束下的经济效率,经济集聚与经济效率相关性的研究、经济集聚对资源与环境影响方面的研究均可以参考和借鉴。

1.2.1 城市群空间结构

1.2.1.1 国外城市群空间结构研究

城市群空间结构方面的研究最初多由国外学者提出。最初阶段的相关研究集中在对城市群空间结构的描述性分析、范围界定与形成机理探析等方面。

作为城镇化高度发展的产物,城市群相关概念1898年在英国学者埃比尼泽·霍华德的著作《明日的田园城市》中被提出。他认为这种城镇群体组合、功能互补的结构形式有助于形成集城市与乡村优势于一身的理想城市。Geddes（1915）在《进化中的城市》一书中，将"组合城市"（Conurbation）的空间结构形容成由若干建成区组成的连续体，提出它的空间结构演化是从城市地区到集合城市，再到世界城市。他认为当时的英国伦敦、法国巴黎、德国柏林和美国匹兹堡、芝加哥、纽约及其周边城市已经形成了城市群。同一时期，英国政府统计部门提出的"地方行政区域结合体"、美国政府提出的"标准都市区"也都在人口密度、城镇职能等方面具有城市群的一些特征。Unwin（1922）的卫星城理论提出了受到中心城市的辐射会在其外围发展出新的城镇，并与中心城市共同形成城市群体。苏联学者同样在20世纪一二十年代提出"城市经济区""规划区"等类似城市群的城市空间结构，并从中心城市与外围地带的人口、距离等角度对其进行了界定。

Christaller（1933）将区域内的城市群体作为一个系统进行研究，以商业集聚中心的服务范围与所需的职能类别为出发点，研究了城市群体空间中城镇等级、规模与职能分配的结构关系，形成了中心地理论。1939年，Jefferson针对城市群规模体系展开了基本理论探讨。1942年Zipf将万有引力定律引入城市群空间结构的分析领域，首开定量地对城市群规模分布内部与城市间联系进行研究的先河。同年，R. Vining从理论上阐述了城市群结构体系存在的客观性和合理性。

大约1945年之后，各个角度的城市群空间结构研究更为丰富。

在城市群空间结构划分与界定方面，最有影响力的是Gottman和Friedman的研究。Gottman（1957）在分析纽约都市圈空间结构时，将城市群空间结构的演化阶段划分为孤立分散、城市弱联系、大都市带雏形与大都市带成熟阶段，提出了由都市区可组成更广大空间结构，即大都市带的思想。他提出的大都市带界定标准是较早的城市体系定量标准之一，主要包括其中有较密集城市，多个都市区、城市间有密切社会经济联系，连接核心城市的便利交通，人口规模超过2500万人，能起到国际枢纽作用。Gottmann认为当时符合标准的有美国东北部大西洋沿岸城市群、北美五大湖城市群、日本太平洋沿岸城市群、欧洲西北部城市群、英国伦敦周边城市群及中国长三角城市群。日本是亚洲较早由政府划定城市群标准的国家。该国行政管理厅早在1950年就提出了划定"都市圈"较为独特的标准，其中包括城市群的地域范围必须使得其中的城市能够在一日内享受某种城市服务，中心城市人口规模大于10万人。20世纪60年代又修改规定为中心城市须为政府指定，或人口大于100万人，且周边有50万人口以上的城市。此外还创造性地提出城市群周边城市到中心城市的通勤人口需占其自身人口的15%以上等标准。

在城市群空间结构的形成、演化及相关机制方面，区位理论、增长极理论、核心—边缘理论和中心—外围理论影响较为深远。

其中，Perroux（1955）提出的增长极理论阐述了增长极通过集聚与扩散效应对自身和周边地区经济增长的促进作用。Myrdal（1957）在研究了增长极后，认为影响经济体发展的空间结构演变过程是扩散与回流过程，回流效应为该理论补充了增长极对经济发展的负面影响机制。Boudeville（1966）认为城市体系是增长极在其影响范围内引导经济活动进一步开展的结果。增长极理论强调将资源投入首先集中在增长集，将会带动整个地区的全面经济增长，是将集聚经济理论与城市群空间结构研究相融合的重要理论。

Friedman在1973年基于Rostow的经济发展阶段理论与"核心—边缘"理论，指出经济发展与空间人口结构演化的相关性，以此反映城市群的发展阶段与空间结构演化过程，并将这一过程分为工业化前期、工业化初期、工业化成熟期与工业化后期。这为后续学者们在城市群空间结构角度对经济发展进行研究奠定了坚实的基础，影响深远。

另一个从经济学角度解释城市群空间结构形成、演化规律的重要理论是"中心—外围"理论。Krugman（1999）也强调随着经济增长，城市体系的中心城市经济成本将不断增加，促使产业转移，继而在外围形成新的增长极。

此外，许多学者从经济、人口与产业等角度对城市群空间结构的演变机制进行了研究。1962年，Berry和Peter分别探讨了城市体系的形成与经济发展的关联。1970年，Berry又从人口分布角度研究了中心地等级体系。Haggett和Cliff（1977）根据现代空间扩散理论提出了城市群空间演化模式。

Friedman（1986）对城市体系的等级网络进行了研究，指出城市体系的等级关系将成为跨国公司纵向生产地域分工的体现。1991年，Sassen首次提出了全球城市概念，引发了学者们对于类似纽约、伦敦、东京这类联结全球经济资源的核心节点城市的研究。

在增长极与集聚经济理论的影响下，许多学者将增长极理论与集聚与扩散效应的机制应用于集聚经济理论与城市群空间结构的研究中，指出城市群是资源集聚、产业集聚的产物，城市群空间结构反映了城市群内经济要素的集聚情况。Kunzmann和Wegener（1991）对跨国网络化城市群结构体系进行的研究表明城市群是产业空间集聚与分工协作的产物。Ke（2010）指出产业的空间集聚是提高城市群生产力的重要因素，解释了城市化与现代经济增长中的收入不平等现象。Oya等（2008）、Andersson和Lööf（2011）、Sanfilippo和Seric（2016）等学者先后利用不同地区的数据得出了位于城市群中的企业较其他企业更有竞争力，位于更大城市群中的企业比位于中小规模城市群中的企业更有竞争力的结论。Lee（2015）还提出发展中国家城市的发展不仅与增长极城市集聚效应相关，还与劳动力迁徙互为因果。

在城市群空间结构特征的总结和梳理方面，城市群的网络特征与集聚特征同样受到了最多学者的重视。

网络特征方面，在Friedman城市体系等级关系网络的基础上，Papaioannou提出全球城市群结构体系呈现出网络化发展模式，为对城市群结构进行网络分析奠定了理论基础。Castells（1989）提出"流空间"是"不必邻接即可实现城市间要素流动共享的社会组织"，城市群中的城市流是经济要素在城市间或其内部进行的流动。Castells（1996）又提出，通过建立城市流强度模型，将城市群视作动态城市体系的学者们可以分析城市间的经济联系与城市群的增长特征、分配机制等，能够分析得出城市群的结构特征。

集聚程度与集聚特征方面，Katie Williams（2000）进行了紧凑城市的研究，认为紧凑、精明增长的空间结构耗费的公共支出与自然资源较少。Burchell（2000）也同意类似观点。

除此之外，学者们主要围绕要素分布的集聚程度与集聚分布特征对城市群空间结构进行研究。

例如，Henderson利用城市首位度对城市群空间结构的中心度进行研究（2003）。Glaeser和Kahn（2004）则研究了城市群中心城市的郊区化指数。Meijers和Burger（2010）利用Harris与Ullman（1945）曾使用过的城市位序—规模法则研究城市群的中心度结构，对此后城市群中心度方面的研究影响深远。2010年，Deng等借助场模型对我国华中地区城市集群进行研究，表明该地区是以武汉为唯一中心城市的单中心结构地区，城市集群所影响范围的基本空间结构是单极类型、附聚型，紧密相关的组类型和松散相关的组类型。20世纪初，由欧盟区域发展基金出资委托的欧洲多中心巨型城市区域可持续发展管理项目针对欧洲的八大城市群进行了一系列研究，指出其正在发生从"单中心"向"多中心"发展的趋势，试图为欧洲的城市群空间政策提出建议。

学者们关于多中心或单中心——究竟具有何种要素集聚分布特征的城

市群空间结构更具有经济绩效的争论也从未停止。

一方面，有的学者坚持单中心是更具经济绩效的一种城市群经济要素集聚分布的空间结构。Bailey和Turok（2010）从定性角度分析，阐述了多中心仅是简单的城市中心组合体，该种结构产生的集聚经济效应较同等规模的单中心空间结构更低的观点，原因在于相对分散的多中心空间结构往往意味着更长的商品流和信息流，不利于形成具有竞争力的投资环境。而从定量角度，Cervero（2001）利用经验数据进行实证检验，发现单中心结构更能促进地域经济增长，这种促进现象不仅在大城市内部，且在大城市之间也被证明是显著的。在张浩然和衣保中（2012）的研究中将城市群规模也考虑了进去，认为单中心城市群的经济绩效更优性在中小城市显现得尤为明显，但当城市规模较大，单中心城市群则会更多地受到集聚不经济的影响。

另一方面，持相反观点的学者认为，由于存在"互借规模（Borrowed Size）"效应，多中心城市群会使得小规模城市获得更高收益（Alonso，1973）。此外，由于动态空间外部性的影响，在规模较小的城市发生产业聚集和人口聚集所带来的负外部性比在大城市聚集更小，同时也能使其更易获得资金和技术聚集带来的正外部性。

另外值得一提的是，麦克劳林（1988）指出在研究城市群经济要素集聚模式结构的同时，通过理性规划约束使得城市群空间结构达到可持续平衡发展更为重要，促生了其后的城市群空间结构优化研究与规划实践。

1.2.1.2 国内城市群空间结构研究

自从20世纪80年代宁越敏将城市群空间体系相关研究引入我国，我国的城市群空间结构研究日益丰富。

在城市群空间结构的分类与界定方面，中国学者早在20世纪80年代就展开了研究。我国较早被界定的城市群是长三角和珠三角。当时的学者也提出了一些城市群的界定标准，例如社会生产力水平较高，商品经济较发达，城镇化水平较高，工业较发达，人口较稠密，由不同等级、类型、特点的城镇集聚而成，等等。1992年，姚士谋等在《中国城市群》一书中提出量化的城市群界定方法：总人口大于1500万；城镇人口比重超过40%；铁路网与公路网的密度分别为250~350公里/万平方公里和2000~2500公里/万平方公里；社会消费品零售总额、工业总产值、流动人口分别占全省区超过45%、70%、65%。同年，崔功豪将城市群结构划分为城市区域、城市群组和巨大都市带三种类型。

周一星和史育龙也在1995年具体化了城市群界定标准，包括有两个以上人口超过百万人的特大城市作为城市群的增长极，至少其中之一为开放度较高的国际性都市；有规模较大（年货运吞吐量大于一亿吨）和技术领先的海、空港；有综合交通走廊，各城市间交通便利，运输方式先进；且总人口超2500万人，人口密度达每平方公里700人；各级节点城市间经济社会联系紧密。

顾朝林（1999）提出中国正在形成11个城市集聚区，这一称谓与城市群非常相似，具体包括呈块状分布的辽中南、首都、长三角、珠三角，和呈线状分布的胶济—津浦、滨洲—牡佳、郑州—陇海、成渝四大铁路沿线、湘中和浙赣铁路枢轴、宁夏黄河灌区与闽东中部沿海。

官卫华与姚士谋提出城市群结构的转化除了空间因素以外，还需注重经济、社会等方面的深层融合。朱英明（2004）在分析了城市群的等级、职能、再分配和增长后，提出要进行城市群空间结构的规划与战略管理。

方创琳等于2005年提出中国城市群的结构体系是由28个大小、规模和发育程度不一的城市群组成，尚处发育初期，是中国未来发展最具潜力的增长极，"主宰着国家经济发展的命脉"。他们还构建了城市群发育程度指数模型，将中国城市群划分为三个等级。

同年，孟祥林利用增长极理论和聚集、扩散、回流效应对中国的城市进行研究后，提出当大城市发展到一定阶段时充分发展小城镇是城市化进程的客观规律，为之后的城市群研究奠定了基础。他两年后提出的经济波辐射理论进一步认为城市产生的过程是经济核通过经济波对区域内其他经济体的辐射过程。紧接着，孟祥林又指出城市与其内部的经济关系可以区分为吸收和辐射两种模式。

倪鹏飞（2008）在此前基础上，加入了城市群中的城市虽彼此之间在经济、社会方面联系紧密但又相对独立，人口与经济集聚的标准，还根据城市群发展阶段的不同设立了不同的阶段性界定标准。

方创琳在2009年明确提出城市群划分的最基本标准：组成城市中至少由三个以上大中城市，且必须由一个核心城市带动，内部城市间必须有发达的交通与通信网络，经济技术联系密切的，具有一体化潜力，发展前景广阔，并以此为原则设定了具体的量化标准。

也有相当一部分学者依据计算出的城市群空间辐射范围来对其进行界定，例如陈群元等（2010）、王洁玉（2010）和王丽等（2013）分别运用引力模型、场强模型、断裂点模型等对城市群空间进行界定。

在城市群空间结构特征及其测度的经验研究方面，中国学者的成果十分丰富。

2008年，方创琳等在Katie Williams（2000）紧凑城市研究的基础上提出了紧凑城市群概念，构建了紧凑度模型，说明了我国主要城市群的综合紧凑度呈现由东向西、由南向北逐渐降低的分异态势，且城市群综合紧凑度与城市群发育程度呈现出高度正相关。

在城市群空间结构的测度方面，一些学者利用首位度、位序—规模法则、赫芬达尔指数、基尼系数等对城市群中心度空间结构进行研究，例如周一星和史育龙（1995）、张浩然和衣保中（2012）、孙斌栋等（2019）、侯韵和孙铁山（2016），等等。还有学者则基于城市网络理论，利用社会网络分析（SNA）方法和城市流数据法，将城市群视为城市节点与它们之间的各种联系所构成的网络体系，对城市群的空间结构特征进行定量分析，例如崔大树和樊晏（2013）、曹炜威等（2016）、黄勤和刘素青（2017）、朱英明和于念文（2002）、王垚等（2017）。

另外，学者还尝试利用现代科技手段和方法考察城市群空间结构，例如使用卫星生成的夜间灯光数据，利用 GIS（地理信息系统）等软件进行数据处理，继而得出城市群空间结构的相应指标与分析结论，例如赫胜彬和王华伟（2015）、王春杨等（2015）、魏石梅等（2019）分别将夜间灯光数据加入引力模型，对京津冀、成渝和中原城市群进行的研究。

在城市群空间结构的演化机制方面，一些学者从城市群的外部机制研究城市群空间演化，例如宁越敏（1998）认为长三角空间结构的演变主要受到政策、投资、市场等助推。姚士谋等（2001）在《中国城市群》一书中提出信息化会通过协作、替代、衍生与增强四大效应对城市群空间拓展产生影响。

诸多学者认为城市群经济要素的集聚和扩散对其空间结构的形成与发展影响较大。1992年，姚士谋就指出我国城市群的形成与发展与地区城镇化水平和城镇的集聚与扩散规律密切相关，认为我国的京津唐、沪宁杭、辽中及珠三角地区在当时开始了形成城市群的脚步。薛东前与姚士谋（2000）认为城市群演化的主要力量来自内聚力、辐射力和内部功能联系。王妙英与孟祥林（2009）创造性地提出了城市体产生过程中聚集会产生二重乘数效应，城市群空间结构是聚集经济与聚集不经济的均衡发展结果。

还有许多学者的研究认为工业化的发展、产业的集聚、转移和分工、合作等方面均对城市群空间结构的演化起到了重要作用，例如许学强和周春山（1994）、朱英明（2006）、乔彬和李国平（2006）、庞晶和叶裕民（2008）、郭荣朝和苗长虹（2010）、张亚斌等（2016）。

方创琳等（2018）总结提出了城市群形成发育遵循的自然规律，包括城市群形成发育的阶段性规律、城市群多尺度空间集约利用传导规律、城市群空间晶体结构组合规律、城市群自然生长的育树成林规律和城市群可持续发展的梯度爬升规律。

基于麦克劳林通过规划可以达到城市群空间结构平衡发展思想的启发，之后许多学者试图通过研究优化城市群的空间结构，以促进城市群的经济增长，例如景建军（2006）、孙晋芳等（2009）、彭翀等（2018）、熊鹰等（2019）和范擎宇等（2019）。

1.2.2 绿色经济效率

绿色经济效率源自资源和环境约束的经济增长理论。以往的西方经济增长理论认为资本、技术、土地、劳动等均是促进经济增长的重要因素，将大多自然资源与环境因素置于经济增长模型之外。鲜有学者将环境问题纳入研究范畴。

近几十年来，感受到资源短缺和环境恶化带来的威胁，增长极限论提出的世界经济将会崩溃的观点引起了经济学家们对于资源与环境的重视。经济学学者们逐渐开始将能源、资源与环境纳入经济增长模型，研究资源限制下，经济持续增长的可能性。比增长极限论乐观的观点是，在环境限制的较低增长率前提下，施行严格的环境政策能够带来可持续增长。

绿色经济效率是体现经济增长中资源要素的贡献率，去除环境成本的经济增长评价指标，是考虑到资源、环境因素的经济效率。目前绿色经济效率成为我国的研究热点之一，相关研究对象主要集中在国家、省市、城市群、流域等某一具体空间单元，同时也有针对金融业、能源、特色农业、畜牧业、渔业等产业的绿色经济效率，偶见土地绿色效率等方面的研究。

最早能够追溯到的我国绿色经济效率研究是2008年齐二石等关于我国钢铁企业绿色经济效率进行的研究。之后相关研究呈现出逐年增加的态势。

杨龙和胡晓珍（2010）测度了1995至2007年我国29个省市的绿色经济效率，得出了在经济高速增长的同时，我国环境问题日益严峻，绿色经济效率波动上升的结论。钱争鸣和刘晓晨（2013）测算了1996至2010年我国省域绿色经济效率值，并将其与传统经济效率进行了对比，分析了区域差异，提出较传统经济效率，我国绿色经济效率偏低，且自东、中部向西部依次递减；绿色经济效率与人均GDP间存在"倒U形"关系。2014年，钱争鸣和刘晓晨的研究得出了我国省域经济发展水平、FDI（外商直接投资）、结构因素、能源强度、城市化水平对绿色经济效率均有不同影响的结论。王兵等（2014）测算了2005至2010年我国112个环保重点城市的绿色经济效率后发现，我国绿色经济效率主要呈倒U形变化，且区域差异较为明显；城镇化显著促进绿色经济效率的发展。蔡宁等（2014）测算了我国30个省2007至2011年的绿色经济增长效率，结合城镇化进行分析，将各省依据绿色经济发展与城镇化程度的高低分为四个维度，发现我国各省多为双高与双低的情况，呈现"两头大中间小"的态势。

另外，现有文献还提示经济增长水平，经济增长速度，城市化，产业转移，政府规制，信息化，经济集聚和技术进步，产业结构，经济规模，市场化程度，对外开放程度，私营和个体经济比重，职工工资水平，外资利用规模，地域规模，二、三产占比等产业结构，教育投入，污染治理投入，能源结构，区域科技创新能力，地方政府对环保支持力度，金融集聚等都是绿色经济效率的影响因素（钱争鸣和刘晓晨，2013；吴旭晓，2014；孙瑾等，2014；王晓云等，2017；张文博等，2017；叶仁道等，

2017；钱龙，2018；罗海霞和段永峰，2018）。其中，谢婷婷和刘锦华（2019）除了研究金融集聚对我国绿色经济效率的影响外，还从影响路径和影响机理方面进行了探讨，令人印象深刻。

总的来看，我国绿色经济效率的研究内容主要集中在绿色经济效率的测度与演变趋势分析、影响因素，某些变量对绿色经济效率的影响等方面。其中，对绿色经济效率的测度与演变相关研究常常提示我国的绿色经济发展情况不容乐观，各地区绿色经济效率存在差距（白洁和夏克郁，2019），呈现出东高西低的区域异质性，但其间差距正在缩小（彭继增等，2019）；同一地域的绿色经济效率往往较经济效率更低（徐永辉和匡建超，2019），反映出各地区对绿色经济发展的重视不足。

从绿色经济效率的影响因素方面的研究成果来看，城市化、产业转移、政府规制、基础设施、产业结构优化、外商直接投资、资源环境管制、绿色投资、经济发展水平、教育水平、信息化等因素对改善绿色经济效率有积极作用，而财政分权、专业化产业集聚、第二产业比重、固定资产水平、金融发展水平对绿色经济效率有负向影响，OFDI（对外直接投资）与绿色经济效率间存在"U"形关系。

空间计量方面的研究普遍显示出绿色经济效率具有显著的空间溢出效应。例如，袁华锡等（2019）的研究表明中国272个地级及以上城市在2003至2014年十二年间的金融集聚对绿色发展效率存在明显的空间溢出效应，且空间溢出呈现随距离衰减的特征。张文爱和樊梦培（2020）利用2000至2016年中国省际面板数据得出的实证研究结果证实行政型环境规制对地理相邻省份呈正向溢出。任阳军等（2019）的研究结果表明我国省域绿色经济效率存在显著的空间正相关性，且高技术产业集聚本地区的绿色经济效率，在区域间也存在显著的正向空间溢出效应；多样化集聚对本地区和相邻地区绿色经济效率均具有积极影响，专业化集聚对本地区绿色经济效率的影响显著为负，对相邻地区存在正向外溢效应但不显著。

1.2.3 空间结构对绿色经济效率的影响

如前所述，城市群空间结构对绿色经济效率影响方面，可以查到的文献非常有限，但考虑到城市群空间结构的集中度与经济活动的集聚程度与集聚特征（刘修岩等，2017）的本质联系，绿色经济效率与资源、环境约束下的经济效率（林伯强和谭睿鹏，2019）的本质联系，可将经济集聚与经济效率相关性的研究、经济集聚对资源与环境影响方面的研究加以参考和借鉴。

1.2.3.1 国外相关研究

在经济集聚与经济效率关系的研究方面，西方学者着手较早。

Marshall（1890）在关注到彼此相邻的同产业企业间会发生技术外溢现象之后，主要以此外部性解释了集聚经济的来源。进一步地，Jacobs（1969）从经济活动的多样性会激发创新的角度，诠释了产业多样化集聚所带来的技术进步和经济效率的提高。

20世纪70年代，Aloso（1970）从地域规模的角度研究了经济集聚与经济效率的关系，认为城市规模越大、经济越集聚，经济效率就会越高。这一观点获得了一些学者经验研究的验证和支持。Shefer（1973）、Sverikauskas（1975）、Segal（1976）、Moomaw（1981）、Forgarty和Garogalo（1998）等学者均支持这一观点。Sveikauskas（1975）的研究指出，城市规模的扩大能够促进制造业生产率的提高。Segal（1976）年用美国的城市数据研究人口规模与经济效率的关系，得出人口规模较大城市的经济效率要比较小城市的经济效率更高的结论。Hohenberg与Lees（1985）也得出了经济集聚与经济增长高度相关的研究结论。Glease等（1992）认为经济集聚的多样化外部性更可能发生在大城市。

也有学者认为，较规模而言，地域经济活动的密度更能够反映其经济集聚程度对经济效率的影响。Ciccone和Hall（1996）分别利用两个模型研究一地劳动就业密度与生产效率的关系，发现就业密度的提高会促进劳动生产率的增长。Ciccone（2002）后来还进一步研究计算出了生产效率对经济集聚密度的弹性。Paci和Usai（2000）、Sbergami（2002）同样认为集聚对经济增长有显著影响，但生产性集聚不能促进经济增长。Combs等（2008）的研究也验证了就业密度能够提高劳动生产率的观点。

然而很多研究也得出了相反的结论，证明了集聚不经济的存在。Henderson（1974）利用美国制造业的数据分析了城市规模与资源利用效率间的关系后，却提出大城市制造业的资源利用效率不一定高于小城市的观点。一种解释是：空间集聚程度存在均衡点，在该点，集聚经济与集聚不经济（集聚拥挤）效应达到平衡。Mill（1967）在研究城市群要素集聚时得出类似观点，Henderson（1974）与Monrgomery（1988）等学者也支持这一观点。Brakman等（1996）提出，集聚不经济产生的原因主要是集聚带来的环境恶化、资源约束、交通拥堵等，他把这一过程也称作集聚拥堵效应。此外，Brezzi和Veneri（2014）提出地域空间结构对经济效率的影响在不同地理尺度上存在差异，为集聚不经济的解释提供了另外一种可能。

还有研究发现集聚对经济增长的影响是先扬后抑的。例如，Futagami和Ohkusa（2003）利用日本的经济数据证明了经济增长与市场规模之间的倒"U"形关系，中等规模经济体的发展速度较快。此外，Lin等（2011）利用中国纺织业的企业数据研究发现，产业集聚对企业生产率的影响也呈倒"U"形。

在城市群空间结构与经济效率的研究方面，Meijers等（2010）对美国都市区空间结构和经济绩效关系的研究为后来的许多研究奠定了基础，他利用柯布-道格拉斯函数构建的都市区空间结构和经济绩效研究经典理论框架沿用至今。Glaeser等（2015）提出了中国到底应选择单中心巨型城市，还是多中心城市网络占主导的发展模式这一经典问题。

经济集聚与环境污染的相关性研究也得到了学者们的重视。Brakman等（1996）首次指出集聚可能产生的拥堵效应，并认为其原因可能包括环境污染、空间与资源的限制、交通拥堵与电子通信设施不足。Verhoef等（2002）、Ren等（2003）同样认为经济集聚不利于一地的环境保护，因为经济集聚所带来的生产规模加大会加速资源消耗与污染排放，破坏当地生态环境。但也有学者认为，集聚可能由于技术创新获得正的环境外部性。经济集聚对造成环境污染还是会缓解环境污染，这一问题仍未有定论。

1.2.3.2 国内相关研究

国内许多学者利用国内经验数据也验证了经济集聚能促进经济效率提升的结论。范剑勇（2006）借鉴了Ciccone和Hall（1996）的研究方法，发现我国各省的产业集聚都提高了当地的劳动生产率，且非农产业分布的不平衡扩大了各省劳动生产率的差距。张昕和李廉水（2006）认为聚集经济是造成我国大型城市间制造业劳动生产率差异的重要原因。陈良文和杨开忠（2008）的研究结论显示，城市内部通勤成本（扩散力量）和马歇尔外部规模经济效应（积聚力量）均对经济活动的集聚程度有影响，在外部规模经济效应作用下，运输成本为零时经济活动也可能稳定集聚。刘修岩（2009）发现城市就业密度与专业化水平对其非农劳动生产率有显著正向影响，并使用工具变量缓解了双向影响的内生性问题。

与国外经济集聚与环境污染关系方面的研究结论不同，国内有一些学者清晰地得出了经济集聚能够缓解污染，有利于环境保护的结论。师博和沈坤荣（2013）发现企业集聚能够提高能源效率，政府干预会降低这一效果，能源效率与表征区域聚集的城市密度呈U形变动特征。李勇刚和张鹏

（2013）利用我国省级数据研究发现产业集聚与开放程度利于降低污染程度。杜震和卫平（2014）的研究显示产业集聚利于减少城市的工业排放，且城市规模越小，经济密度越低，产业集聚不足的不利影响越大。李顺毅和王双进（2014）认为提高产业集聚能够减少工业污染排放，促进生态环境向好发展。

国内探讨城市群空间结构与经济绩效的研究近年来呈现出增加的趋势，为Glaeser的诘问提供了理论或实证答案。在城市群或其他较大地域单元空间结构对其经济效率的影响方面，学者们的研究结论普遍支持空间结构对经济效率有影响，以此推断城市经济存在外部性。但对具体影响方式却并不十分统一。

一些学者认为，城市群单中心结构，即城市群内规模较大的经济集聚位于单一城市，更有利于经济绩效的提高。例如张浩然与衣保中（2012）利用2000—2009年的数据进行研究，指出单中心结构对我国10个城市群经济效率有显著的促进作用，且地理单元尺度越小促进作用越显著。陈金英（2017）运用20个城市群2000—2012年13年间的数据研究支持了单中心空间结构提升城市群经济效率的观点，但这种促进作用不显著；集聚、较大规模能显著促进经济效率提升，后者还能在单中心与集聚对经济效率的影响中起决定作用。

有一些学者支持多中心对经济绩效更为有利的观点。华杰媛（2017）运用13个城市群，1990年、2000年、2010年三个年度的截面数据，也同样得出多中心结构有利于城市群经济增长的结论。孙斌栋等（2019）利用2000—2015年13个城市群数据进行研究发现对于用劳均GDP与劳均GDP增长率测度的经济绩效而言，多中心结构更优。

还有一种观点认为，在城市群产生和发展的初级阶段，单中心的空间结构有利于集聚经济的获得，到了城市群发展成熟期，由于过度拥挤、效率降低等带来的集聚不经济和环境恶化占主导地位，多中心空间结构对生产效率的提高和环境条件的向好可能更为有利。于是有学者提出城市群空间结构与经济绩效呈现出倒"U"形关系。例如，运用1995—2010年间20个城市群数据进行研究的李佳洺等（2014）、对1994—2012年我国12个城市群进行研究的侯韵和孙铁山（2016）。刘修岩等（2017）不否认中心度对一个地区经济效率具有非线性影响的理论可能性是存在的，但在测度出该影响拐点的样本仅为0个或1个时，他们的研究得出了对于目前大部分中国城市群而言，单中心结构仍对经济效率的提高更为有利的观点。

利用单中心—多中心维度、规模维度或集中—扩散维度一起构建空间结构变量的方法虽不常见，但也存在于围绕空间结构对经济效率问题进行的研究中。一些学者认为小规模、单中心、集中的空间结构对经济效率的增长有利。例如俞涵（2015）针对我国8个都市圈展开的研究显示，集中与单中心的空间结构更能促进经济效率的提高，而当都市圈规模较小时，更有利于上述促进作用的发挥。瞿兆聃（2018）对长江中游城市群2006—2015年期间的研究也同样支持单中心、小规模空间结构更能促进经济效率的增加这一观点。

支持多中心、分散、大规模对我国城市群经济效率有正向促进作用的学者也不乏其人。苗洪亮等（2016）对1994—2013年间我国10个城市群的研究表明多中心结构城市群具有更高的经济效率；集中会较低经济效率；城市群规模对人均产出影响为显著正向。受Brezzi和Veneri（2014）的研究启发，刘修岩等（2017）利用夜间灯光数据分别研究了城市内部、市域与省域三个地理尺度的空间结构对相应经济效率所产生的影响后得出的结论佐证了苗洪亮的观点，即在城市内部和市域等较小的地理尺度上，单中心结构能够提高城市经济效率；而在省域等较大地理尺度上，多中心空间结构更能促进经济效率提升。唐菁菁等（2018）的研究结果表明单中心结构对东盟八国城市经济效率有促进作用，但对省域经济效率有抑制作用，并且上述作用对处于城市化发展阶段不同的各个东盟国家存在差异性。这从另一个角度也说明了单中心结构对较大区域空间具负向影响。

关于地域经济集聚与相应绿色经济效率相关性方面的研究，林伯强和谭睿鹏（2019）在研究经济集聚对绿色经济效率影响时发现：经济集中度大小合理时，对绿色经济效率的影响是正向的，经济集聚程度大于临界值时影响是负向的（主要表现出拥堵效应）；经济集聚对绿色经济效率的作用主要通过基础设施、劳动力市场高级程度与环境规制起作用，提出现阶段中国经济要以增加集聚程度为主，同时防止集聚不经济。这与郭荣朝和苗长虹（2007）抱持的城市群内部城市规模合理、密度适宜更有利于环境优化的观点相互呼应。

1.2.4 评述

从文献回顾中可以得知，学者们站在经济学的角度研究城市群空间结构，本质上是在研究经济要素的集聚程度及其分布状态。集聚对经济效率有影响已是学界共识，但学者们在一定地域内要素集聚程度的高低及其分布状态对经济效率究竟会产生何种影响还没有达成统一结论。也就是说，经济要素集聚程度越高是否越有利于经济效率的提高，经济要素在单一中心集聚是否更能促进城市群的经济增长、更能够降低资源消耗、减少环境污染，直至目前都未有定论。

经济集聚对于资源与环境影响的相关研究所得出的结论也不尽然是统一的。诸多学者得出了经济集聚与环境污染加剧相伴的研究结论，但同时另一些学者却证明了经济集聚能够减少排污，缓解环境恶化。工业生产所排放的污染会导致环境恶化，但产业集聚同时可以促进技术创新与知识溢出，促进生产技术环保化。所以集聚对环境保护起到什么样的作用，还有待更为深入、更加广泛的研究。

我国城市群大多还在发育和快速发展过程中，其内部经济要素的集聚与分散、单中心集聚与多中心集聚——究竟向着哪个方向演变更有利于城市群的绿色可持续发展，仍是一个悬而未决的问题。

另外，大部分相关研究利用城市群空间结构对该城市群自身经济效率具有显著影响这一点，做出了城市的经济增长存在外部性的推断，这一推断过程在逻辑上并不十分严谨。正因为城市群空间结构是由其内部城市间经济要素的相互作用形成的，所以若城市群的空间结构能够对其内部各个城市的经济发展产生显著影响，再据此做出城市经济增长具有外部性这一结论会更加具有说服力（Huang Y et al.，2018）。同理，如果能够验证城市群空间结构对其内部城市绿色经济发展产生的影响是显著的，于是就可以做出城市绿色经济增长具有外部性的结论。

1.3 研究内容、方法与研究思路

1.3.1 研究内容

城市群空间结构包括经济结构、地理结构、城市群内部结构、城市群间结构等，本书的研究问题是城市群内部城市间经济活动的空间结构，主要包括城市群内部的经济集聚程度与经济集聚分布状态。本书在"十四五"规划明确提出的全国19个城市群中选取15个作为研究对象，收集整理数据与资料，主要从经济集聚的程度与分布等方面剖析城市群的空间结构，建构指标体系对城市群内部城市的绿色经济效率进行测度与分析，继而对城市群空间结构与绿色经济效率的关系这一题目进行研究。

本书共分七章，各章分别概述如下。

第一章，引言。

主要介绍研究背景、与意义，国内外研究综述及评价，研究内容、方法与研究思路，拟突破的重点与难点等，是对本书开展研究的总体概述。

第二章，主要概念界定与理论基础。

主要在梳理和评析国内外相关经典文献的基础上，归纳相关理论，对相关重要概念进行界定，构建理论分析框架，为后续研究奠定理论基础。

第三章，我国城市群空间结构的测度及演变分析。

首先阐述了我国主要城市群的发展现状，以便开展后续研究，进而在前人研究和对城市群空间结构及其测度方法充分理解的基础上，利用时序全局主成分分析、综合引力模型、社会网络分析、位序规模法则等方法测度了城市群的中心度、集中度等指标，并对其基本情况与演变趋势进行了分析。

第四章，我国城市群内部城市绿色经济效率的测度及演变分析。

拟在研读前人文献，研究经济效率与绿色经济效率测度方法的基础上，选择较为适合的绿色经济效率测度方法，建立包含非期望产出的综合指标体系，最终运用超效率SBM模型对15个城市群内部的186个地级以上城市10年的绿色经济效率进行测度，并对测度结果与演变趋势等进行分析。

第五章，城市群空间结构对绿色经济效率影响实证分析。

前文对表征城市群经济要素集中分布与集中程度的中心度及集中度，对其内部城市绿色经济效率影响机理已进行分析，在此基础上进行实证研究，以期证明单中心或多中心、经济集聚或分散，到底何种城市群空间结构对其内部城市绿色经济效率更有促进作用。

第六章，主要结论与对策建议。

总结了整个研究的主要结论，包括我国城市群发展现状、我国城市群空间结构及其演变特征、城市群空间结构影响城市绿色经济效率等方面的主要结论，并提出相应的对策建议。

第七章，创新之处与研究展望。

总结并阐述本书的不足之处与未竟之事的遗憾，展望以本书为契机可进一步研究的方向和可继续深入进行的研究着眼点。

1.3.2 研究方法

研究方法由特定研究对象所决定。本书主要采取定量与定性相结合的研究方法，以保证研究任务的完成和研究目标的实现。

1.3.2.1 文献分析法、理论归纳法

充分利用计算机和互联网现代技术，通过在CNKI中国知网、EBSCO（学术期刊数据库）等国内外期刊数据库上检索相关文献资料，并对获得的资料整理分析、了解学术界近年来的研究成果、界定相关概念、归纳相关理论，为本研究提供参考和借鉴。

1.3.2.2 定性分析和定量分析相结合的方法

本书主要运用了概念分析法、比较研究法、数理统计与计量经济分析等方法。

第一，概念分析法。概念分析法主要是指研究确定特定某个术语所表示的概念内涵和外延的研究方法。概念是思维的基本单位，其内涵是反映在概念中的对象的特有的属性；其外延是指概念所反映的一切事物。本书拟借用此法界定城市群与城市群水平（城市群发展水平）的特定意义、内涵与外延，比较中外有关概念或术语的异同点，严格区分城市群水平的客观内容和可能出现的主观曲解，用发展的眼光来审视城市群水平概念的变化，准确把握其内容实质，应用简洁、无歧义的语言准确表述城镇化水平的概念。

第二，比较研究法。比较研究法是对物与物之间或人与人之间的相似性或差异性进行研究与判断的方法。本书拟利用比较研究法对不同城市群的发展水平、空间格局与演变情况进行考察与比较，寻找其异同点。

第三，数理统计与计量经济分析方法。此处的定量方法主要是指数理统计与计量经济分析方法。综合运用经典计量经济的分析方法、社会网络分析方法，运用Stata、Ucinet、MaxDEA、SPSS、ArcGIS等工具软件，对我国城市群的空间结构和其内部城市的绿色经济效率加以计量，继而对其时序演化特征与演化趋势进行分析，对我国城市群空间结构对其内部城市绿色经济效率的影响进行计量。

城市群空间结构及城市群内部城市之间联系的测度是当前的一个研究热点。相较于利用城市群静态属性数据对其空间结构进行分析，或运用城市流模型方法构建城市空间联系特征而言，使用综合指标体系构建的综合引力模型与社会网络分析法有着能够从更多维度、更为动态描述城市群空间结构特征的优势。

利用空间统计方法，以城市群为单位，对我国城市群空间结构及其内部城市绿色经济效率的影响进行空间计量分析，能够更好地揭示城市群空间结构推动绿色经济效率变化的规律。

1.3.3 研究思路

本书主要围绕何种经济要素的集聚程度及其分布模式更有利于经济效率的长期稳步提高展开研究。主要研究内容是城市群空间结构对其内部城市绿色经济效率的影响，试图以经济学的经济增长理论和增长极理论等为研究的理论基础，拟遵循"理论研究（发现问题）—实证研究（分析问题）—对策研究（解决问题）"的整体研究路径展开，基于国内外研究现状探寻可研究的创新点；从我国推动发展绿色经济、加快转变经济增长模式，城市群在我国经济发展中的重要地位等实际情况出发，提出基于内部经济联系的中国城市群空间结构现状及其演变趋势、中国城市群绿色经济效率的现状及其演变趋势，以及何种空间结构的城市群更有利于城市绿色经济效率的提高等研究问题并做出相应假设，在剖析机理的基础上设计框架进行理论与实证研究，对假设进行证实或证伪。

书中首先运用位序—规模法则等方法，利用各个内部城市人口及其在所属城市群中的排列位序等数据测度出该城市群的中心度指标和集中度指标，并对其演变趋势加以分析。其次，建立指标体系，运用数据包络分析方法（DEA）的超效率SBM模型测度城市群各个内部城市的绿色经济效率，并对其演变趋势加以分析。最后，构建以生产函数为主要依据的计量检验模型，选择合适的方法对面板数据进行回归分析，根据实证结果得出相关结论，探讨城市群空间结构对其内部城市绿色经济效率是否产生影响、产生何种影响等。最终根据主要结论提出优化调整城市群结构，增强经济的可持续发展能力的对策建议，研究流程可参见图1-1。

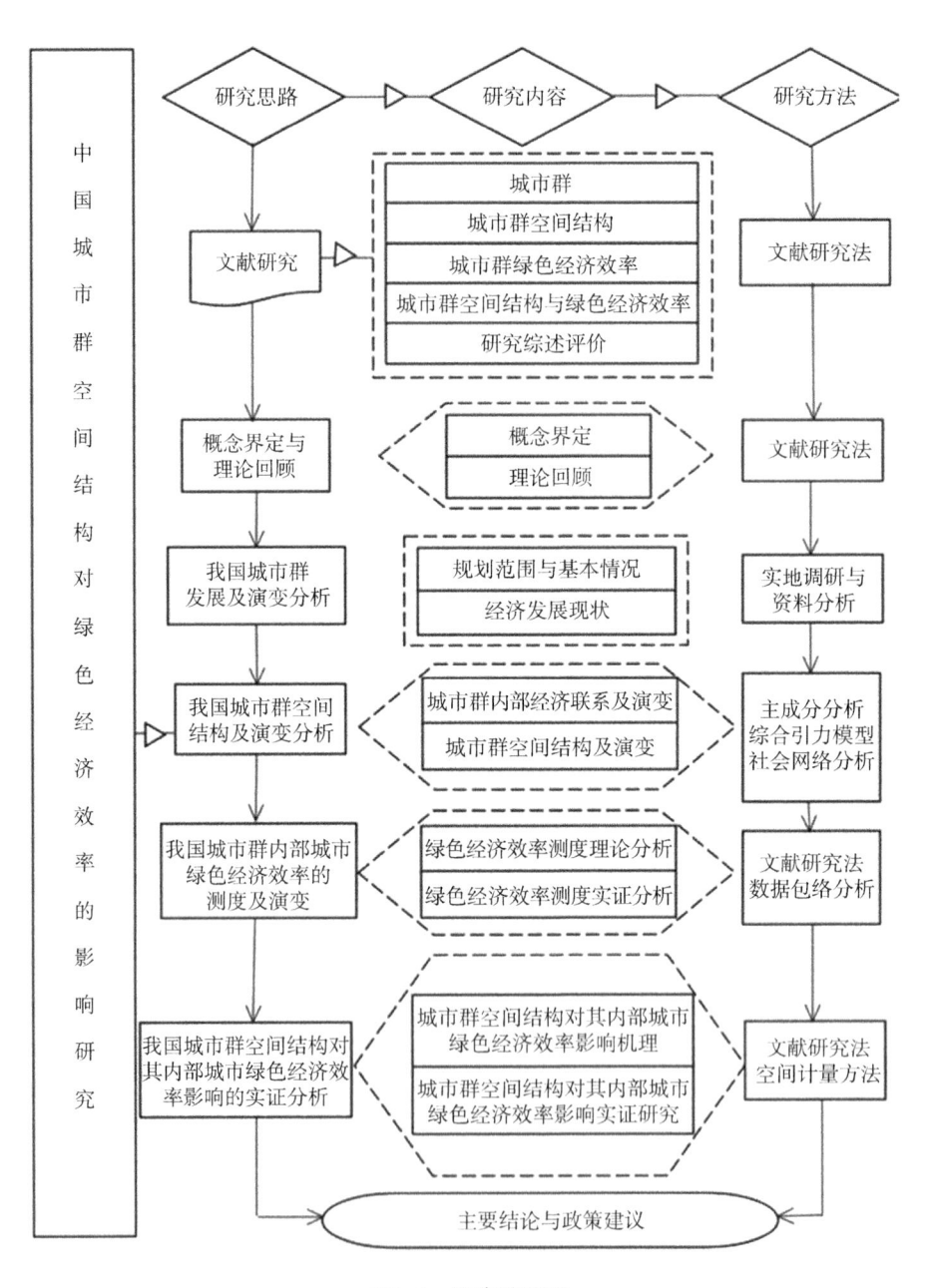

图1-1 研究流程图

1.4 拟突破的重点与难点

1.4.1 拟突破重点

本书试图解决以下四个重点问题。

（1）测度并分析我国城市群的空间结构，主要包括表征经济要素集聚分布的中心度与表征经济要素集聚程度的集中度指标。

（2）建立综合指标体系，运用数据包络分析方法（DEA）的超效率SBM模型对我国主要城市群内部城市的绿色经济效率进行测度。

（3）建立适当模型，测度城市群空间结构对其内部城市绿色经济效率所产生的影响。

（4）查阅和梳理城市群空间结构等方面的政策和做法，以实证研究结果作为理论依据，提出我国城市群空间结构优化的策略及相应对策建议。

1.4.2 拟突破难点

在研究过程中待突破的难点主要有整体与局部研究框架的搭建，模型内生性问题的缓解与对策建议的提出。

1.4.2.1 研究框架的搭建

在确立了研究目标之后，具体模型的构建、指标选取与测度方法的选择需要继续做大量文献查阅、理论分析、逻辑推理和实际检验工作。这些研究框架搭建的基础工作是难点之一。

1.4.2.2 缓解模型的内生性问题

本书主要基于中心度视角考察城市群的空间结构对城市绿色经济效

率的影响，而城市群空间结构的本质是经济活动在城市群中的集聚分布情况。经济集聚与经济效率、环境污染之间有着反向因果关系，所以推测城市群空间结构与绿色经济效率之间也很可能有内生性问题需要加以弱化，使得分析结果更具有可信度。而找到合适的工具变量，用适当的模型方法弱化内生性问题，对笔者是一个难点。

1.4.2.3 对策建议的提出

根据设计好的研究框架，利用城市群经验数据进行实证研究并证实或证伪研究假设之后，将会面临对研究结论进行合理解释并在此基础上提出对策建议的问题。提出对策建议不仅要合理有据，还要根据实际情况考虑对策具体的可行性，这不仅需要对整体研究理解较为透彻，还需要进一步查阅资料，掌握大量实际情况，具有良好的思辨能力。这也是本研究的难点之一。

1.5 数据说明

本书所使用的数据主要来源于2008—2017年的《中国城市统计年鉴》，EPS（全球统计数据/分析平台）数据库，相关省（区、市）的统计年鉴及各省（区、市）历年的国民经济和社会发展统计公报。

由于行政区划调整或统计方面的原因，存在个别数据缺失或异常值情况，本书通过线性插值等方法将其补齐；通过对各城市的数据统计加总，获得2008—2017年15个城市群的各项指标值。

相关数据的收集、整理与测度、计算由笔者利用各种统计或办公软件独立完成。

第2章　主要概念界定与理论基础

2.1 主要概念界定及辨析

本书涉及的重要概念主要包括城市群、城市群空间结构、绿色经济效率，本部分加以概念界定。

2.1.1 城市群

19世纪末20世纪初，学者们注意到城市群的逐步形成与发展的现象，开始了关于其概念定义方面的研究。

2.1.1.1 国外城市群相关概念

最初的城市群相关概念均朴素地包括多个城市有机组合的涵义。霍华德（1898）提出了"城镇群体"（Town Cluster）概念，并认为这种城乡功能互补、群体组合的城镇群体组合形式将会成为城市与乡村间的"磁铁"。格迪斯（1915）提出了城市群相关概念"组合城市"（Conurbation），并从形成机理角度解释其为最初时相互分离，但随城市集聚与扩张而彼此联结的、由若干建成区组成的连续体。Saarinen（1918）则认为城市群是城市组成的有机生命体。苏联学者博戈拉德从中心城市规模较大、外围地区城镇较多、中心城市到集聚区边缘的距离较近等方面，提出了城市群的概念。1922年Unwind提出的卫星城，也有一定城市群体的意味。同时代英国政府提出的"地方行政区域结合体"、美国政府提出的

"标准都市区"及后来日本行政管理厅提出的城市集群也都有与城市群相类似的特征。Duncan（1950）在《大都市与区域》中也提出了"城市体系"（Urban System）的概念并用于研究。

早期学者们提出的城市群相关概念中，对我国城市群研究影响力较大的当属Gottman（1957）的大都市带。Gottman在芒福德和格迪斯的研究基础上，将集聚了若干个在各方面联系密切的大城市或都市区所组成的超大型城市聚集单位定义为大都市带（Megalopolis），界定标准有较密集城市，多个都市区、城市间的密切社会经济联系，连接中心城市的便利交通，人口规模超过2500万人，能起到国际枢纽作用。

McGee将东南亚发展中国家出现的中心城市及其之间的农业地区合称为"城乡融合区"（Desakota），将城市群的地理范围延伸到了城镇与乡村。他认为这种城市区域类似于西方的大都市区。他还将以高效的交通设施相连的城市及其周边区域定义为"大都市带"（Mega-urban Region）。目前最为常用的城市群英文Urban Agglomeration，即"城市集聚区"，由联合国提出，指包含众多连续、密集城镇的人类居住地的区域。Storper和Venables（2004）认为城市群一般是围绕着中心城市而形成的城市集群。

2.1.1.2 国内城市群相关概念

城市群的概念在20世纪80年代进入我国，学者们从不同角度对其概念进行了界定。

肖枫和张俊江（1990）认为"所谓城市群是由若干个中心城市在各自的基础设施和具有个性的经济结构方面，发挥特有的经济社会功能，而形成一个社会、经济、技术一体化的具有亲和力的有机网络。"将城市网络理论引入城市群概念中。

周一星（1991）对城市群下的定义为"以若干大城市为核心，大城市与周围地区保持强烈交互作用和密切社会经济联系，沿一条或多条交通走廊分布的巨型城乡一体化区域。"

姚士谋等（1992，1998）从地理空间和自然禀赋的角度出发，认为城市群是在特定的地域范围内具有相当数量的不同性质、类型和等级规模的城市包括小集镇，依托一定的自然环境条件，人口密度较大，生产高度技术化，土地利用集约化，以一个或两个特大城市和大城市作为地区经济发展的核心，借助于现代化的交通工具和综合运输网的通达性以及高度发达的信息网络，发生与发展着城市个体之间的内外联系，共同构成一个相对完整的城市群区。

顾朝林和赵晓斌（1995）从系统论的角度提出城市群定义，即城市群是由若干个中心城市在各自的、特有的经济结构和基础设施方面，发挥特有的经济社会功能，从而形成一个社会、经济、技术提议化的、具有亲和力的有机网络。

有些学者从定性的角度在定义概念时凸显了城市群的地域集中、城市间存在联系等特点。苗长虹和王海江（2005）认为，城市群是指在特定区域范围内，将一些超大或特大城市作为核心城市，以多个中小型城镇作为辅助发展地区、以都市经济区为整体发展基础，凭借各城市或城镇彼此间联系交流形成的城市功能区域。

倪鹏飞（2008）把城市群看成是由相对独立但又集中在一定区域，交通、通信便利，彼此经济社会联系密切的城市或城镇组成的人口与经济聚集区。

有些学者根据人口密度、人口规模、交通网络密度等指标在提出城市群概念时给出了具体标准。例如，方创琳（2004）指出城市群是特定地域范围内，以一个特大城市为核心，由至少三个以上都市圈（区）或大中城市作为基本构成，依托发达的交通、通信等基础设施网络形成的空间相对紧凑、经济联系紧密，最终实现同城和一体化的城市群体。

2.1.1.3 城市群相关概念辨析

在相关研究中，城市群（Urban Agglomeration）、都市圈（Metropolitan Area）、大都市带（Megalopolis）、城市集群（Urban Clusters）、城市集聚（Urban Concentrations）等城市群相关概念与术语常常被混同使用，它们一般被视作城市群的广义表达。但狭义层面上，它们之间在聚集形式、数量规模、联系紧密度等方面还是存在一些不同之处。

2019年2月，国家发展改革委印发的《关于培育发展现代化都市圈的指导意见》将都市圈定义为"城市群内部以超大、特大城市或辐射带动功能强的大城市为中心，以1小时通勤圈为基本范围的城镇化空间形态。"可见都市圈是城市群中非常重要的组成部分。

Gottmann的大都市带指的是城市群高度发展的产物，它规模庞大，更趋近于同城化与一体化，其内部城市围绕中心城市分工协作，相互依赖性非常强，很明显一般的城市群很难归于此列。贝金塔（2007）认为Gottmann定义的大都市带（Megalopolis）概念让人看到城市共同发展带来的希望。

而城市集群与城市集聚被学者们强调为在一定通勤区域内多个城市的集合，该集合可能有中心城市，也可能没有，城市间有无紧密的经济联系也不一定，城市集群的边界也可能随着通勤条件的改变而更改（Portnov，2009）。例如，日本行政管理厅制定的城市集群标准中还包括内部城市间能够在单日内享受相互的城市服务。

大多数学者基本同意都市圈、大都市区（带）、城市集群（聚）等与城市群的区别主要在于尺度上的不同（宁越敏，2007），还有的学者认为这些称谓都可用来指城市群，是城市群的不同类别或不同发展阶段，如崔功豪（1999）。据此，本书对城市群概念的理解较为宽泛。

本书认为城市群是集中于一定地域范围内，围绕中心城市发展，规模与职能各不相同且彼此经济社会联系密切的城市群体。

2.1.1.4 本书的城市群概念

国内外学者们身处的时期不同、角度不同，对城市群的概念主要从地域范围、人口规模、城市间联系、协同发展等方面出发进行阐述。这些城市群概念具备四点基本的共识，即第一，城市群是由多个城市和交通通信基础设施组合而成的地域空间；第二，城市群拥有一个或多个中心城市；第三，城市群各个城市间经济、文化联系紧密；第四，城市群是动态、发展的。

本书认为城市群是社会生产力和社会文化发展到一定程度的产物，故将城市群定义为在一定地域范围内，由至少一个中心城市和一定数目的周边城市，依托便利的交通与通信条件组成的，相互间分工协作、联系密切、不断发展的城市体系。

城市群的中心城市指的是在城市群中，经济规模最大、影响力最强，对城市群中其他城市和城市群发展至关重要的、占据核心地位的城市。腹地城市指的是围绕中心城市进行发展，有赖于中心城市的集聚与扩散效应而生存发展的城市。内部城市则是对城市群内部所有城市的总称，包括中心城市与腹地城市。

2.1.2 城市群空间结构

"空间"概念原指地理空间。"结构"原意是组成整体的各部分的安排和搭配。"空间结构"的概念本意是"对某一现象在地理空间上的分布的一种抽象或一般化的描述"。

地理学家用空间结构来描述组成人地系统的各要素之间及其与整体之

间的关系。《人文地理学词典》将空间结构定义为用以组织空间并涉及社会和自然过程运行与结构的模式。王铮（1993）将空间结构定义为某一区域范围内，反映自然与人类活动的空间组织形式，包括自然、经济、社会及生态结构等在空间上的有机组合。李晓莉（2008）将城市群空间结构定义为各种物质要素（或各城镇）集聚与配置的空间表现，是各种物质要素在区域空间中相互位置、相互关联及相互作用等所形成的空间组织关系和分布格局。

吴建楠等（2013）将城市群空间结构（Urban Agglomerations Spatial Structure）定义为城市群发展程度、阶段与过程在空间上的反映，可以理解为经济结构、社会结构、等级规模结构等在空间地域上的投影，反映特定区域内城市间相互关系和相互作用，体现城市群发展水平和度量城市群竞争力。

经济学所关注的"空间"一般指经济要素与经济活动产生、发展与联系的实体空间。Horton（1971）和Anas（1998）等学者均认为城市群的空间结构是其内部城市间，人口与经济活动的空间集中分布特征。刘修岩等（2017）认为在不同的地理尺度上，空间结构都是要素和经济活动在空间上组织方式的一种反映。

根据上述城市群空间结构的内涵，基于理论经济学的研究视角，本书所指的城市群空间结构主要是城市群的经济空间结构，即城市群内部的经济要素和经济活动在其空间中的集聚程度与分布特征。

2.1.3 绿色经济效率

效率是诸多学科都有所涉及的概念，一般用来指单位时间内的工作量加总。

经济效率是一段时间内，在投入一定量的资本、劳动与自然资源等生产要素之后，最终获得的总的经济收益。经济效率的衡量一般从投入与产出两个方面入手，较小的投入获得较大的产出即被视为经济效率较高。

绿色经济效率概念脱胎于经济效率，是在绿色经济前提下社会经济活动的经济效率、是考虑到环境因素的经济效率，除了有着经济效率的本意外，它还肩负着衡量环境投入、产出的使命。也可以说，绿色经济效率是绿色经济的一个评价指标，它是综合考虑经济增长、资源节约与环境保护的综合评价指标。绿色经济效率的提升是在追求经济效率的同时，提升自然资源、能源的利用效率，增加社会、生态环境和谐程度，代表了对经济发展质量与效率的共同追求。

综上，绿色经济效率是在经济效率的基础上，体现经济增长中资源要素的贡献率，去除环境成本的经济增长评价指标（李赫然，2019），是考虑到资源与环境因素的经济效率。

2.2 理论基础

本书的研究提出、研究设计与理论构建等主要以经济增长理论、经济集聚理论和经济集聚空间结构理论作为基础展开。

2.2.1 经济增长理论

从古典经济增长理论、新古典经济增长理论、新经济增长理论到现代经济增长理论，如何提高经济效率，促进经济增长一直是经济学家们的一个重大的研究课题。

2.2.1.1 古典经济增长理论

在古典经济学阶段，Adam Smith（1776）提出经济增长即是社会总财富与国民收入的增长，可以通过增加生产性劳动的投入数量与提高劳动效率来实现。同时，资本积累也能够通过劳动分工提高劳动生产率，从而促进经济增长。他提倡以市场与自由竞争为导向的经济政策。

David Ricardo（1817）从分配的角度剖析经济增长问题。他提出的报酬递减规律揭示了为何随着投资的不断增加，经济利润却不断下滑的原因，他认为技术进步、发展对外贸易和国际分工能够提高劳动生产率。

20世纪二三十年代的美国大萧条时期，受到 Keynes 储蓄等于投资的静态均衡思想的影响，经济学家 Harrod（1939）、Domar（1946）分别独立提出了非常相似的 Harrod-Domar 经济增长模型，认为经济增长率等于储蓄率与增量的资本—产出的比值。该模型的假设为资本与劳动不能够相互替代，即生产的技术水平不变，则最终经济增长率就完全取决于储蓄率。

古典经济学家认识到了资本、技术、土地和分工对经济增长的重要作用，也注意到了自然资源的特殊性，提出了提高经济效率的方法，但过于强调资本积累在经济增长中的作用。

2.2.1.2 新古典经济增长理论

在新古典经济学阶段，经济学家主要应用边际分析和一般均衡理论对经济增长进行研究，强调了技术进步对于经济长期增长的重要性。

Alfred Marshall 将劳动者数量、劳动效率、资本积累和资源丰富程度、技术水平、公共安全状况纳入经济增长函数中，认为技术进步与资本积累的增加将会使生产的规模报酬递增，但自然资源的限制仍会阻碍经济增长。

Solow（1956）假定资本与劳动可平滑替代，假设完全竞争均衡、规模报酬不变、资本边际收益递减以及技术是外生的，提出了Solow-Swan模型。他认为经济增长率取决于技术进步增长率、资本增长率与劳动增长率，得出经济的长期增长取决于技术进步，经济增长率等于技术进步率的结论。

Cass-Koopmans（1965）第一次将微观个体的决策行为引入经济增长模型，将储蓄率内生化，得出了长期经济增长率取决于人口增长率与技术进步率的结论。

2.2.1.3 新经济增长理论

20世纪80年代，新经济增长理论将技术进步内生化，以解决规模收益递减问题。阿罗认为生产经验有助于生产率的提高，知识外溢有助于他人生产率的提高，资本存量的增加有助于提高整体技术水平，继而提升经济效率。而罗默在其基础上建立了知识资本溢出的内生经济增长模型。卢卡斯等建立了人力资本模型，认为技术进步与知识获得不取决于资本存量，而取决于人力资本。

新经济增长理论突破了传统增长理论的框架，开始强调人力资本、外部性等对经济增长的作用。

2.2.1.4 现代经济增长理论

古典经济学以效用为对象研究经济活动中资源的有效配置，新古典经济学在稀缺资源有效配置的理论研究框架中，将生态环境问题作为外生变量……传统的经济学理论面对环境污染、生态恶化等外部不经济问题时都会遭遇市场失灵。

认识到自然资源与环境保护重要性的经济学家也大有人在。例如威廉·配第在对自然资源产出率进行研究的过程中，认识到土地等客观自然条件的制约。根据马歇尔的理论，外部不经济的根源在于私人不需要承担其所应承担的所有成本。庇古在马歇尔的基础上，发展了"外部不经济性"思想，提出依靠市场机制无法完全实现资源有效配置，应通过征收"庇古税"解决这一难题。科斯则提出，当存在交易成本时，初始产权的界定利于效率的提高。

现代社会对环境问题的关注始于恶劣生存环境的倒逼。由于对经济利益的过度追求，人类突然意识到自身面临乱砍滥伐、工业污染、农药滥用等带来的环境危机，彼时一本《寂静的春天》（蕾切尔，1962），引爆了全世界对环境问题的反思，激起了环保主义思潮，也促使经济学家们开始了环境与经济增长关系的研究。

Dasgupta和Heal（1974，1979）、Stiglitz（1974）与Solow（1974）等将能源、资源与环境因素纳入经济增长模型中，得出了在自然资源约束下，人均消费可持续的结论。Robinson（1980）、Schou（1996）、Aghion等（1998）将资源与环境等生态资本作为内生变量引入生产函数，用以衡量生态环境所产生的综合效用，认为在资源与环境因素的限制下，严格的环境标准能够带来更低增长率的可持续增长。

资源与环境约束下的绿色经济增长理论在一定程度、一定范围内获得了应用。例如，制定较为严格的环境政策；在现有GDP核算过程基础上扣除人为破坏的环境恢复费用、人为生态退化损失和预防环境污染等费用的绿色GNP；利用对生产所需的环境投入定价的方法来有效管理自然资源，如征收污染税、排放费等。

2.2.2 经济集聚理论

经济集聚主要指经济活动在某个区域的一定范围内相对集中的现象

（Porter，1998），主要关注经济要素在空间中的分布情况。

经济学家一直试图解释劳动生产率空间差异的形成机制，但新古典增长理论的完全竞争和规模报酬不变假定无法解释这一现象的存在与其持续扩大的趋势。不完全竞争、规模收益递增与存在运输成本差异的假设更能够对此问题加以解释。

早期的经济集聚理论普遍认为，地域空间规模、人口规模的扩大和就业密度的增高有利于经济效率的提高，学者们将其原因主要归结为技术外溢与知识创新（Marshall，1890；Jacobs，1969；Aloso，1970；Shafer，1973；Sverikauskas，1975；Segal，1976；Moomaw，1981等）。20世纪90年代，Krugman等（1991）将空间因素引入经济学分析中，试图解释经济增长与经济活动分布的关系。他们提出因为经济活动在空间上的集聚具有能够降低运输成本、便利信息传递、促进知识溢出的优势，还能够提高生产要素的匹配程度，发挥基础设施等公共物品的规模经济效应，所以可以降低企业生产的单位成本并提高产出，从而带来正的外部性。学者们也将经济集聚带来的正外部性称为集聚经济，此后，集聚经济又被很多经济学家所证明。

经济集聚理论关注的另一个方面是经济集聚的负外部性，这种集聚不经济的根本原因可能是经济集聚均衡点、地域空间结构等的不同。

首先，经济集聚可能造成环境恶化、资源约束、交通等基础设施拥堵等情况，产生集聚拥堵效应，即集聚不经济（Mill，1967；Henderson，1974；Monrgomery，1988；Brakman，1996）。更为普遍被认同的观点是，较小的经济集聚程度产生的正外部性比负外部性大，利于经济效率提升。其主要原因是技术创新、知识溢出、生产专门化、基础设施利用率提高和运输费用的降低等。而当经济集聚程度不断提高，地域的承载能力逐渐饱和，恶性竞争、资源不足、环境恶化、资源利用效率下降、基础设施拥堵等逐渐发生，经济集聚的负外部性就有可能大于正外部性，影响经济效率。

其次，地域空间结构是集聚经济在不同空间作用的结果（Fujita和Ogawa，1982；Anas等，1998），不同的地域空间结构对经济集聚的外部性也产生一定的影响。集聚的正外部性易于形成单中心高集聚结构，该结构进一步加大集聚规模；集聚的负外部性易于形成多中心低集聚结构，该结构能够降低负外部性。集聚经济在不同地理尺度上的经济效率存有差异（Brezzi和Veneri，2014）。据刘修岩等（2017）的研究，在较小空间尺度上，单中心集聚更易获得正外部性；而较大空间尺度上的经济集聚应以多中心为主。当然，这一观点仍有待商榷（张浩然和衣保中，2012；陈金英，2017）。

2.2.3 经济集聚空间结构理论

学者们对某一地域经济要素集聚空间结构理论的正式研究始于古典区位理论。从威廉·配第和亚当·斯密的地租理论开始，经济学就已经有了空间维度的研究分析。古典区位理论是新兴的经济学分支之一——经济地理学的理论基础，是在微观经济学的基础上，对经济要素在区位进行集聚的问题加以研究的理论。区位主要指人们经济活动所占据的位置或场所。古典区位理论的着眼点在于微观局部区位均衡，主要以成本、利润等为参数对企业生产、定价的空间效应进行研究。

2.2.3.1 古典区位理论

产生于19世纪二三十年代的古典区位理论主要研究人类经济活动的空间分布与选择规律，是空间结构理论建立与发展的基础，其理论体系主要包含农业区位论与工业区位论、中心地理论与市场区位论等。

古典区位理论最初被提出是解释土地为何会有不同农业用途的农业区位理论。冯·杜能（Von Thunen，1826）在《孤立国同农业和国民经济的关系》一书中提出农业区位论，指出人们的农业生产空间结构受土地租金价格、运输费用等生产成本的影响，而这些生产成本的高低主要取决于该地与中心城市的距离。他将观察所得绘成"杜能环"，用以形象地描述农业经济活动呈现出以中心城市为内核，农、林、牧业区依次呈同心环状分布的规律。农业区位论让人们认识到地理空间分布规律在经济生活中的重要性，之后成为距离衰减法则和空间相互作用等理论的基础。

劳恩哈特（W. Launhardt，1882）对企业区位决策的研究结果表明，运输成本是最重要的影响因素之一，运费率、商品效用、竞争者行为等因素共同决定市场区域范围的大小。他据此提出的空间竞争双头垄断模型对后期的古诺和霍特林的研究产生了影响，奠定了工业区位理论的基础。韦伯（Alfred Weber，1909）对工业区位理论进行了较为系统的分析，认为决定工业场所分布的不仅有运输成本，还有其他生产成本区位因素。他将这些区位因素中的运费、劳动报酬和集聚因素归类为一般区位因素，并在此基础上提出运输、劳动和集聚三个最低成本区位法则，也被称为"劳恩哈特的区位三角形"。帕兰德（Tord Palander，1935）在劳恩哈特的工业区位理论和空间竞争双头垄断模型的基础上提出了不完全竞争市场区位理论，并把市场学派的区位理论推向新的发展阶段。

勒斯（又译为"廖什"；August Lösch，1939）在工业区位论最低成本原则基础上提出以最大利润为原则的市场区位理论，首次将空间均衡思想运用于区位理论，研究了市场规模、需求结构对区位选择和产业配置的影响。该理论将区位分析的角度由生产转向市场，由分析单一厂商为主转向关注区域内整个产业的区位选择。

克里斯塔勒（Walter Christaller，1933）在《德国南部中心地原理》一书中以经济集聚中心为出发点进行城市空间分布结构研究，提出了中心地理论，又被称为"中心地理说"。该理论以均质假设（被研究区域初始状态的中心地经济、人口密度均匀且连续分布，且中心地服务范围为规则封闭圆）、可达性一致假设（研究区域中各城镇交通可达性一致，相同商品或服务在各地价格一直，运费与距离成正比）、成本—利润支配经济活动假设（企业在一地的成本与利润决定其经济活动的区位）为前提条件，进行了城镇市场区位分析，探究了城镇的规模、等级、职能与数量间的关系及其空间结构的六角形规律。

克里斯塔勒根据腹地城市提供的商品或服务将研究区域划分为若干等级，规模越大的城镇等级越高，一般而言数量也越少。中心地规模越大，等级越高，其提供产品或服务的种类越丰富，商业活动的规模也越大；中心地必须有能够保证其持续性向市场提供商品或服务的最低限度人口，即门槛人口，需求门槛为需求水平的一个最低限度，主要取决于中心城市必须持续性地向市场提供某种商品与服务，只要能够满足最低需求水平，生产就会正常进行，从而获取利润；一旦出现需求低于最低限度，生产商会因无法获利而停止生产，也无法通过生产供应某种商品与服务的产量和供应量来保持正常的利润水平，城镇等级越高，市场需求越高，门槛人口数量越大。

该理论指出，中心城镇和与之依存的周边城镇共同发展推动了地区城镇化，经济活动使得城市形成与发展，城市服务功能对中心城市等级和相应虹吸范围（服务半径）起决定作用（谷海洪，2006）。勒斯在《区位经济学》（August Lösch，1940）一书中同样也推导出了六边形区位模型，并指出在具备均质平原区域、资源分布均匀、交通成本均匀等与克里斯塔勒中心地理论相类似假设的情况下，城镇的人口与消费需求呈现规则连续分布特征，六边形区域内能够容纳尽可能多的企业是经济区域最为理想的状态。

古典区位理论主要采用抽象演绎法，局部、静态地研究市场经济条件下资源的空间配置，从成本角度探讨了企业空间布局的主要影响因素，试图揭示市场经济资源空间配置的规律，也被称为成本学派区位理论。古典区位理论引发了后续的空间结构理论，尤其是中心地理论为城市群空间结构研究打下了重要的理论基础（朱顺娟，2012）。

2.2.3.2 增长极理论

增长极理论的提出可追溯到20世纪50年代。弗郎索瓦·佩鲁（Francois Perroux，1950）在《经济空间：理论与应用》一文中写道："一些增长点或增长极常会以不同强度增长，随后增长持续向外扩散，继而对整个经济产生不同影响。"他认为，技术的进步与创新是经济发展的动力，经济空间不同于地理空间，是经济要素间的关系。他利用排斥力、吸引力与它们的场及其交汇时发生的作用来形容之后被学者们称为聚集于扩散的城市间效应。增长极的形成和发展过程会产生聚集效应（或称为极化效应）和扩张效应。聚集效应促成各种生产要素向增长极进行回流和聚集；而扩散效应促成各种生产要素从增长极向周围不发达地区进行扩散。在增长极发展的初级阶段，极化效应是主要的。当增长极发展到一定程度后，极化效应削弱，扩散效应加强。

随后，布代维尔（1966）做了增长极的理论定义：增长极是指在城市配置不断扩大的工业综合体，并在影响范围内引导经济活动的进一步发展。随后，他又将增长极扩展为"地理空间"，认为增长极可以对周边地理空间的经济发展产生正、负两种影响。他主张通过"最有效地规划配置增长极并通过其推进工业的机制"，来促进区域经济的发展。

盖尔在研究了前人的增长极观点后，指出影响发展的空间再组织过程是扩散—回流过程，如果扩散—回流过程导致的空间影响为绝对发展水平的正增长，即扩散效应，否则是回流效应。由此可认为，增长极理论有三个基本点作为支撑：第一，其地理空间表现为一定规模的城市；第二，必须存在推进性的主导工业部门和不断扩大的工业综合体；第三，具有扩散和回流效应。

聚集与扩散效应是增长极得以发挥其作用的重要机制。目前城市群集聚的研究走向了模型化、指标化和数据化的方向，研究对象也从单纯的城市群进入了城市群内部资源、产业、企业、外部效应和高技术影响等更深入的层次。观点较具影响力与借鉴作用的学者主要包括Castells-Quintana、Lee、Ke、Andersson等、Sanfilippo等和Oya等。

Castells-Quintana等认为现代经济增长最明显的特征是收入不平等和城市化。经济聚集带来的好处依赖于资源集聚的水平。一国资源集聚程度已经很高的情况下，中小城市的城市化水平与收入有关。通过考察这些国内资源集聚程度的影响因素，他们集中讨论了这些因素与经济发展的联系，利用一组51个国家在1970—2007年间的数据分析了这些变量之间联系的典型事实。Lee从动态搜索匹配的视角解释了发展中国家的城市发展，认为城市的集聚效应和劳动力的迁徙互为因果。同时集聚效应会产生一系列短暂的内生增长路径，即劳动力由农村向城市迁徙、随之而来的城市集中、生产力的提高、经济发展带来的失业和工资之间的差距消失。

Ke通过区分工业部门规模和城市经济密度拓展了奇科和霍尔生产密度模型，研究产业集聚的影响和拥堵城市的生产力，讨论了中国城市中劳动生产率和产业集聚的因果关系和决定因素。研究认为产业的空间集聚是提高城市群生产力的重要因素，因为城市群中产业集聚导致更高的生产力，进而高生产力又导致了产业进一步集聚效应。

Andersson等使用静态和动态模型估算了公司层面集聚和生产力之间的

关系。在控制规模、人力资本、物质资本、股权结构、行业分类和时间趋势的情况下，位于更大区域的企业更富有成效。第一，单个企业层面区域和劳动生产率正相关。第二，位于城市群中的企业更富有效率。第三，集聚现象的作用与企业的规模之间没有明确的耦合作用。

Sanfilippo 等采用层次分析研究了撒哈拉以南非洲公司的集聚表现，认为环境因素可以解释公司生产效率变量的 30%，其中一半以上取决于地理位置。当企业位于从事不同行业的大城市，则公司生产效率与城市群的大小正相关；当企业直面同一行业的其他企业竞争，则以上关系呈负相关。

Oya 等选取了一些行业中某个企业的技术水平、就业吸纳水平、工资水平组成了生产函数，研究了日本信息通信技术在经济地理方面的影响。研究发现服务业在城市地区逐年不断集聚，信息通信技术环境能影响服务业的布局，特别密集的信息通信服务能加速服务业在城市中的集聚。

国内城市群的聚集（极化）效应和扩散效应研究方面比较有代表性的是孟祥林的研究。孟祥林（2007）将聚集效应（极化效应）定义为一定范围内的资源交通便利、经济基础好的城市聚集而产生规模经济收益，在此过程中会形成经济增长极；扩散效应是经济增长极通过资源向外辐射将经济动力和创新成果传导到周边地区从而促进周围地区经济增长的过程。

城市群是我国经济发展的重要增长极，中心城市是城市群的增长极。如何优化资源配置，以发展增长极来促进更大区域范围内的经济发展已在国内外众多城市群规划中被运用。基于增长极理论，通过多种机制引导产业在某一地域进行集聚发展，并随之实现人才、资金、产业、信息、技术等资源的集聚，促进区域增长极的形成，继而促进增长极发挥扩散与带动作用，是加速该地周边更广范围经济发展的有效举措。

2.2.3.3 核心—边缘演化理论

与增长极理论不同，核心—边缘理论主要关注的是边缘地区和核心地区之间经济的不平衡发展状态。该理论的完善和应用主要归功于Friedman（1966）的研究。该理论称占有人口、经济、技术、资本等优势的城市或地区为核心区，称经济较为落后、人口规模较小、技术欠发达、资本不够集中的地区为边缘地区。前者主要指一个国家的大都市或一个区域的中心或次中心城市，后者主要指依附核心城市地位较低的地区。

核心—边缘理论明确指出了经济发展与地域空间结构演化的关联性，构建了城市群随着经济的不断发展，从最初孤立到相伴相生的发展阶段与空间结构的演化理论模型，为今后的研究奠定了基础。弗里德曼指出在经济发展过程中，核心区与边缘地区总是在地位和作用上有所不同。最初地区之间彼此缺少关联，相互孤立发展。核心地区通过集聚生产、现代化、联动、优势与信息效应巩固自身的核心地位，在此过程中产生了向边缘地区的扩散效应，弗里德曼认为这种扩散主要包括了生活、技术与组织形式等方面的创新。经济空间的演化理论模型中具体包括了前工业化阶段、工业化初期与成熟阶段和最终的空间相对均衡阶段，每一阶段核心区和边缘地区间关系都会发生变化；经济空间结构形态有四种类型，即集聚型、扩散型、离散型、均衡型。

该理论被广泛应用在各个国家与地区的区域经济发展、产业经济发展，尤其是地区经济边缘化等问题中，推动了社会经济的和谐发展。

2.2.3.4 点—轴渐进扩散理论

20世纪80年代，陆大道提出了区域经济发展的点—轴渐进扩散理论。该理论在中国区域经济发展特点的基础上，在原有的中心地理论、增长极理论的基础上,对区域经济理论做了进一步的发展和创新(陆大道,1995)。

点—轴渐进扩散理论中的"点"指的是地域内的中心城市、次中心城市与聚居区等,是经济与人口的聚集目标;"轴"则是点之间的较大经济吸引力,主要来自点与点之间的基础设施、认同感、凝聚力。轴的形成前提是相邻位置点经济实力的不断发展,形成的基础是交通、信息等基础设施,它通过加速资源流动能够促进点的发展;点的发展又会推进轴的增强。点与轴的共同作用下,组织形成了社会经济空间结构。

该理论利用聚集与扩散效应,提出经济在地域空间以"点—轴"的形式渐进扩散的理论模式。首先,各种生产要素都有辐射力,集聚现象就源于这种辐射力。点上聚集的各种产业和人口通过轴向外辐射商品、管理、技术等获得资金、原材料、劳动,最终形成扩散。陆大道指出,轴的发展能够充分发挥点即中心城市的服务作用,从而形成更为便捷的经济网络,促进地区经济发展;点是重点发展对象,应将资本、技术、政策、产品与信息等着重导向中心城市,扩大辐射力度;轴的扩散程度最强的方向是线状基础设施沿线的方向,应做好与工、农、服务业的有效拟合,以产生最大的空间集聚。其次,点—轴系统的发展是一个过程。生产力水平较为低下的阶段,经济组织形态较为松散。当经济发展进入工业化阶段,农业商品经济、中小型手工业和工矿业的迅速发展,临时聚居点、小城市和它们之间的通路随之产生。由于人口较多,这些"点"形成了道路、邮路、通信等基础设施和服务行业,生产要素逐渐向点集中,形成了集聚效应。随着点与点之间轴线的加强与延长,在辐射效应的作用下,新的点产生并发展,随后又会产生新的轴。最终形成"点—轴系统"。其大致结构为最大的中心城市通过最强的集聚与辐射效应,在轴的连通下,连接起了一系列中小点,整个系统协调一致,共同发展。

2.2.3.5 城市网络理论

在Sassen（1991）提出了全球城市的概念，Manuel Castells（1996）用流动空间理论重构信息时代城市经济空间体系，明确了城市节点和枢纽概念之后，越来越多的学者将关注点投向城市网络。

传统的空间结构理论侧重于城市之间的等级分布与竞争关系，城市网络理论从动态、互联的角度考虑城市体系及身处其中的城市，更为侧重网络合作与互补关系。城市网络理论从系统论和现代网络理论的角度出发，强调城市节点存在、发展的载体是整个城市网络系统，城市间联系是该系统的结构与动态发展的根本原因，将城市体系研究从纵向、横向比较的点、线研究推动至城市间整体联系网络构建的层面。

在城市网络理论支撑下，很多学者从网络分析的视角进行城市与区域经济的研究。多数研究认为，城市经济实力的提升，不仅取决于城市自身的经济增长，还受到其所在城市网络体系整体发展的影响，例如城市网络体系中的中心节点城市集聚程度过高，产生产业升级瓶颈、环境危机等，均会对网络中的其他城市发生影响。城市网络理论的关注点大多不仅在城市节点本身，还在于节点间的联系网络、互补协作关系等（Hall P和Pain K，2010；彼得·霍尔等，2008；徐江，2008）。

城市网络理论的关注点已不仅仅是城市节点属性本身，更是城市间的关系数据，需要选择新的方法与技术手段进行研究。从图论衍生至社会经济研究领域的社会网络分析方法，以及集地理信息、制图、建模等功能于一身的GIS平台等都是分析关系数据的合适选择。运用这些方法的基本原理是通过收集或计算所需城市网络关系的数据，例如人流、物流、信息流、企业跨城市商务活动、跨地旅游、作者合作创新论文数等流数据，或影响城市间经济关系的人口、经济总量等属性数据，再借助工具对其进行计算与分析（Taylor，2004；虞虎等，2014；许露元和邬丽萍，2016；劳昕等，2016；王磊和高倩，2018；韩瑞波等，2018；王方方，2018）。

2.3 理论分析框架的构建

2.3.1 城市群可持续发展与空间结构的形成演进机制

2.3.1.1 经济增长理论、经济集聚理论与经济集聚空间结构理论的相关观点

通过上述理论分析，我们建构起了经济增长、经济集聚、地域空间结构与环境保护之间关系的理论框架。

经济集聚理论、城市空间结构理论都认为地域经济空间结构的形成演进机制与经济要素的集聚有关，且地域空间结构会影响经济集聚与经济增长。

区位理论也认为，经济活动的分布与选择是推动空间结构建立与发展的根本原因，该理论普遍将地区经济发展与空间结构的演进机制归功于增长极的聚集与扩散效应，认为在增长极发展的初级阶段，规模较小，生产要素向增长极聚集，增长极不断发展壮大；当发展到一定程度后，规模增加，极化效应较扩散效应弱，生产要素从增长极向周围地区进行扩散蔓延，从而带动整个地区经济的增长，且增长极有时也会通过回波效应带来负增长。

集聚导致经济活动在空间以不同程度进行集中，继而形成以单中心为主或多中心为主的不同分布结构，这些集聚分布所造成的不同地域结构又将对经济增长产生不断作用（Fujita和Ogawa，1982；Anas等，1998）。当一个地域形成某种发展共同体，其经济集聚程度不断增加，形成地域增

长极。此时一般集聚的正外部性较强，促进经济增长、技术进步、资源节约与环境向好，区域增长极规模扩大、数量减少，易于形成单中心空间结构。该结构很可能通过集聚与扩散效应的不断作用，促进集聚正外部性进一步增加，将地域增长极的经济增长不断向周边辐射，使地域整体经济效率与环境水平获得进一步提高（师博和沈坤荣，2013；李勇刚和张鹏，2013；杜震和卫平，2014）。当地域经济发展到一定程度，增长极及其所在地域出现集聚的负外部性，经济增长与技术创新受阻，环境污染加剧，则区域中心规模下降、数量增多，此时易于形成多中心空间结构，则较有可能促进集聚效应的负外部性减少，缓解拥堵现象、资源浪费与环境污染（Brakman等，1996），提高地域整体经济增长水平（Anas和Kim，1996）。

对此，学者们给出的具体解释主要是家庭与企业在一地的集聚与疏散。当集聚的正外部性大于负外部性，地域中心会吸引企业与家庭向该地集中，同时中心区域周围由于集聚正外部性的溢出，也会吸引其他的企业与家庭的聚集，于是地域中心集聚规模与程度都会增加（Fujita和Ogawa，1982；McDonald和Prather，1994），促进技术创新与知识溢出，提高资源利用率，降低排放，提升地域整体经济增长效率。反之，当集聚的负外部性大于正外部性，地域中心的企业与家庭会向中心区域外围或周边的次级中心城市疏散，从而疏解中心城市的集聚负外部性，城市群的经济增长重新加速，环境污染问题得以缓解。

2.3.1.2 城市群空间结构自优化理论及城市群空间结构形成演进机制

在以上理论和生命周期理论的支撑下，本书基于现代经济增长理论，利用绿色经济效率衡量资源与环境约束下的经济增长情况，提出城市群空间结构自优化理论。

假设城市群空间结构的优化演进大致经历三个发展阶段：诞生阶段、成长与发展阶段、成熟互利阶段，根据经济集聚空间结构理论，将有利于这三个阶段经济优化发展的结构特点分别总结为单中心集聚、多中心集聚、网络化均衡发展。

本理论框架的思想内核主要有四点。

第一，自从人类社会诞生起，发生的经济活动都处于自然环境中，人类自觉不自觉地谋求与生存环境的可持续共生，绿色经济是一个历史命题。

第二，城市群空间结构的产生与发展始于人类对自然资源的有效利用，带动了经济集聚与经济增长的发生与发展。

第三，当城市群空间结构发展失衡，例如出现集聚程度过低、集聚不经济或集聚扩散等级链（即点—轴渐进扩散理论中各个城市节点之间进行相互集聚与扩散作用的"轴"）断裂等情况时，城市群的增长极加速形成效应、集聚不经济调节效应与城市群等级优化效应三大自优化效应会开始发挥作用，对失衡进行调节。

第四，这一调节过程非常缓慢，是由长期量变引发的质变过程，但可通过政策调整等相应对策来减速或加速。

在漫漫历史长河中，城市群空间结构在从孤立生长到均衡发展的演变过程中，不断作用于经济与自然环境，通过自我优化推动绿色经济的发展。

首先，城市群的诞生阶段，集聚经济促进了单中心城市群结构的形成，该结构有利于集聚程度的增加，经济进一步增长。

农业经济时代，城市或聚集点分散，一般相距较远，且由于经济联系需求较低、技术不够先进而联通不畅，此时自然资源利用效率不高，经济发展程度较低。

工业经济时代初期，在采矿、冶炼、铁路等大型工业的带动下，人口开始加速在工业区周边聚集，随之不断产生新的消费需求，带动基建升级和经济集聚。此时中心城市迅速发展，形成具有规模优势的"点"，主要通过沿交通与通信设施分布的"轴"不断扩大规模。在集聚正外部性的溢出作用下，周边地区逐渐发展形成临近的二级城市，二级城市在发展壮大时形成自己的集聚与扩散效应，培育出以自身为中心发展的下一级城市。集聚经济的不断作用为单中心城市群的孕育与发展提供了良好条件。

根据核心—边缘理论，在这种早期的单中心城市群中，中心城市与其他城市之间分工合作、共同发展，但前者占据人口、经济等绝对优势，后者依赖前者的发展需求而生存，形成了一种动态的平衡关系。此时由于集聚经济大于集聚不经济，城市群经济集聚带来知识、学习与创新的聚集与扩散、环境政策的发展、能源利用效率的提高；且整体经济规模有限，对生态环境的破坏有限，城市群内部城市的绿色经济效率较高，绿色经济发展向好。城市群的增长极加速形成效应不断显现。

随着城市群的增长极不断发展壮大，资本、劳动力与自然资源大量集中，企业为了追求规模经济和市场规模纷纷聚集，导致更进一步的资源集中，带来产业规模扩张、人口增加带来的的服务型需求和城市功能需求等。当城市群的集聚都发生在单一中心城市时，不可避免地会发生中心城市生产与生活成本上涨、管理费用增加、城市服务功能下降、资源与能源用量增加、环境污染日益严重等集聚不经济现象。增长极的经济效率下降，引起城市群中内部城市的经济效率随之下降，资源消耗加剧，环境污染问题频生，绿色经济效率也随之下降。

然而也正是因为城市群的资源要素快速集聚造就了其具有一定的集聚不经济调节效应。该效应主要通过调节"虚假集聚不经济"实现。本书将未达增长极发展阈值的集聚不经济效应称为"虚假集聚不经济"。利用高度集聚的城市群知识资本的快速创新与外溢效应，辅之以适度的行政调控手段，中心城市内部运行效率有可能增加，"虚假集聚不经济"得以缓解，增长极的集聚与扩散效应再次通畅更替，城市群绿色经济继续向好发展。

其次，城市群的成长与发展阶段，其空间结构对绿色经济同样会产生一定的影响。

技术进步与创新在一定范围和时期内能够对单中心城市群过度集聚造成的绿色经济效率下降问题起到一定的缓解作用。但当"大城市病"现象持续累积，中心城市的扩散效应与集聚效应将会再次阻塞。城市群的发展就是一个集聚经济与集聚不经济的互动过程。当增长极的集聚程度达到其承受阈值时，城市群等级优化效应的作用通过转移增长极着重显现出来。

就产业转型与升级对中心城市而言既是被动应对，也是主动选择。对当地政府而言，产业升级等拉动经济发展、缓解城市压力、恢复生态环境；对企业而言，外迁能够降低成本、提高效率。不同产业的聚集产生异质性的城市社会资本，继而对城市发展产生影响。将高耗能、高排放、低效率的产业向城市群中区位条件、市场规模、资源禀赋、环境条件与城市政策等较为优越的次级城市转移，着力发展低耗能、少污染、高效益的产业能够吸引高层次创新人才，提升城市社会资本水平，既能够提高经济效率，也能够促进环境保护和资源、能源节约，对绿色经济发展有利。此时，一定量的人口也会随着产业升级而向外流动，城市群的过度集聚压力有所缓解。同时，不断完善的基础设施使得城市群各节点间轴的通连更顺畅快捷。这导致了至少两个结果，其一是中心城市与其周边城市的通勤时间降低，造成其部分人口向周边转移；其二是产业转移的承接城市得以加速集聚与扩散，带动其周边城市发展，成长为城市群中另一个增长极。

随着第二个增长极的医疗、教育、养老、娱乐等城市服务功能提升，加上具备土地、房价、通勤、物流等生产与生活成本具比较优势，于是更多中心城市的产业和人口主动流入，带动城市群次级中心城市的快速发展，进一步降低了中心城市的集聚不经济，扭转了环境恶化趋势。中心城市与次中心城市功能互补，整个城市群的城市等级更为多样，布局更为完整，多中心城市群形成并发展起来。

随着多中心城市群的集聚程度不断增加，节点之间的联系更为紧密，城市群内部城市的绿色经济效率普遍得到提高。集聚的多中心城市群更易形成多个知识研发中心，本书将这种多中心城市群更易催生知识网络的效应定义为"知识网络"效应。根据点—轴渐进扩散理论，该种城市群各中心城市之间经济辐射轴的连通性更好，于是这些知识研发中心更易形成知识网络，从而发挥出整体作用远大于部分之和的系统作用，不仅有利于城市群中各个中心城市绿色经济效率的提升，还有利于促进其他次级城市绿色经济效率的提升。

最后，城市群将会呈现出内部节点城市共赢互利的局面，网络化均衡发展的城市群对绿色经济产生正面的影响。

由于存在知识、信息的流动，商品、服务的共享，基础设施利用率的提升，市场、劳动匹配度与匹配效率的提高等优势，中心城市集聚外部性较强，带动周边城市发展的能力较强。

两个中心城市之间方向上的网络联系最强，随之催生出下一极中心城市。这一过程不断重演，城市群发展成了多个彼此联系的中心城市，多个中心城市通过"互借规模"彼此互利（Alonso，1973），中心城市与其次级城市彼此联系的网络化结构。这种均衡化的发展状态随着城市群经济活动规模与集聚程度的不断增加而向城市群外扩散，产生溢出效应，也能够带动城市群外部地理位置较近的城市或周边城市群的发展。

此时，城市群等级结构明显，空间分工合理，基础设施完善，内部形成密集的联系网络，中心城市集聚程度适中，经济与环境资源得到较优化配置。

诚然，未遵循城市群绿色经济与空间结构互动优化发展的实例比比皆是，但多为过度干预或措施不力等原因所致。例如，在单中心集聚城市群的发展阶段，中心城市过度开发、过度集聚，引发严重的大城市病，资源与环境透支，绿色经济效率较低。多中心集聚城市群的成长阶段也会发生中心城市之间不合理分工，合作不足竞争有余的现象，但因城市群同步协调机制缺失与地方保护主义，难以有效调整，也达不到良好的绿色经济效率。现实中也存在发展初期自发或由政策干预形成多中心城市群的情况，对于经济与人口规模较小、密度较低的初期城市群而言，多中心并不是有利于绿色经济效率提升的最优选择。

在城市群空间结构自优化的三大效应的不断作用下，绿色经济与城市群空间结构相互推动，相互制约，达到较为稳定的均衡状态。

在分析了城市群发展三个阶段的主要特点的基础上，本书做出了我国城市群尚处在成长期的发展阶段这一初步判断。

2.3.2 城市群空间结构对绿色经济效率影响理论分析框架

经济增长理论、经济集聚理论和经济集聚空间结构理论是本书的主要研究基础，在这三大理论的基础上，本书提出了城市群空间结构自优化假说，用以解释城市群空间结构对绿色经济效率的影响作用。

根据经济增长理论，资本、技术、自然资源都是经济增长的主要动力，发展资源与环境约束下的绿色经济是缓解外部不经济与市场失灵问题，获得可持续发展能力的较好手段。本书以绿色经济效率来衡量一个地区的经济可持续增长能力。

经济集聚理论认为经济要素在空间中的分布情况能够造成生产效率的空间差异，这种分布情况主要指各种经济要素的空间集聚分布及集聚程度的高低。经济集聚所带来的正、负外部性在相互作用的过程中不断对经济效率和生态环境产生影响，从而形成绿色经济增长的各种差异。

经济集聚空间结构理论则从不同角度阐释了地域间经济增长差异的产生主要是源自增长极的集聚与扩散效应、区域中的各个经济核心"点"通过相互间经济联系"轴"的不断作用等影响机制。

根据城市群空间结构自优化假说，城市群不断发展壮大时期，在增长极加速形成效应、集聚不经济调节效应与城市群等级优化效应三大自优化效应的作用下，多中心集聚结构更有利于绿色经济效率的提高。

基于对我国城市群处于成长期的发展阶段这一基本假设，以文献研究和理论分析为基础，本书构建了城市群空间结构对其内部城市绿色经济效率影响理论分析框架，主要分为影响机理、传导机制和控制变量影响三个方面。

2.3.2.1 城市群空间结构对绿色经济效率的总体影响

本书将地域范围的边界锁定在城市群，利用城市群空间结构表征其中的经济集聚分布，做出了城市群空间结构影响绿色经济效率的城市群空间结构自优化假说。该假说提出城市群空间结构能够对其绿色经济效率不断地产生影响，在城市群的发展阶段，多中心集聚的空间结构对绿色经济效率的提高更为有利。

假设1：城市群空间结构能够对其内部城市的绿色经济效率产生影响。

根据前文的理论阐述，中心度是学者们更为关注也更具争议的一个地域空间集聚的表征指标，笔者也认为中心度是城市群结构中较重要的因素之一，能够对其中城市的绿色经济效率造成影响。

第一，单中心能够加快城市群的资源集聚速度，缩短增长极发育时间，在城市群发展初期至中期单，中心结构被认为能够更为长远、合理地促进地域经济发展。但在城市群发展阶段，单中心城市群更易出现集聚不经济，如果不及时加以疏导和调节，会造成整个城市群经济效率与环境效益的下降。

第二，在增长极遭遇集聚无效率与"大城市病"，发生能耗过高、污染加剧等问题，降低其集聚与扩散效应，影响城市群发展时，多中心城市群更能有效利用技术进步、创新、产业转移与软、硬件条件升级，再辅以城市群综合治理与政策匹配，促进城市群集聚不经济调节效应与城市群等级优化效应加速生效，使城市群继续良性发展。

第三，在多中心城市群，城市群内部的多个中心之间能够通过"借用规模"产生城市网络之间的互动，而这种城市网络可以作为集聚经济收益的一种替代，并且能够加速次级城市的成长，优化城市群的阶梯结构。根据Alonso（1973）提出的"借用规模"假说，靠近大城市周边的小城市会呈现出与大城市类似的一些经济特征，这意味着小城市可以"借用"其邻近大城市的集聚经济益处，同时避免集聚的成本。互相借助规模的多个城市群中心更有可能迅速形成有力的局部增长极，发挥增长极加速形成效应。

根据对我国城市群的发展现状分析，本书的样本城市多属于发展过程中的城市群，均已形成一定规模的地区增长极，所以本书首先假定单中心程度对城市群的绿色经济效率总体上有正向的影响作用。

假设1a：中心度对绿色经济效率能够产生影响，且多中心的空间结构对绿色经济效率的提高更为有利。

还有学者提出城市群中心度空间结构与经济绩效呈现出倒"U"形关系。在城市群产生和发展的初级阶段，单中心的空间结构有利于集聚经济的获得，到了城市群发展成熟期，由于过度拥挤、效率降低等带来的集聚不经济和环境恶化占主导地位，多中心空间结构对生产效率的提高和环境条件的向好可能更为有利。

从另一个角度来看，因为当城市群的多中心程度适中时，经济活动在城市群多个中心城市的集聚也较为适度,于是集聚正外部性会带来经济水平的提高,还有可能通过技术创新等带来正的环境外部性,抵消了集聚负外部性的影响;所以,在城市群多中心程度适中时,其对绿色经济效率的促进作用更大。当多中心程度过低,城市群内呈现经济活动一地集聚的局面,可能会因为生产规模增加而加速资源消耗和污染排放(Ren等,2003),还可能引致集聚拥堵效应,带来基础设施不足、恶性竞争加剧等情况,减缓经济增长(Brakman等,1996)。而对于目前我国的城市群而言,多中心程度过高则往往意味着经济活动较为分散,没有有力的增长极促进经济发展和环境治理。于是本书认为,城市群的中心度结构与绿色经济效率之间存在非线性关系。

假设1b:城市群中心度对绿色经济效率的影响是非线性的,呈倒"U"形。

随着城市群加速培育的增长极不断发展壮大,资本、劳动与自然资源大量集中,企业为了追求规模经济和市场规模纷纷云集,于是造就了更进一步的资源集中。资源要素的集聚持续地带来产业规模扩张、随人口增加而加大的服务型需求和城市功能需求等,中心城市经济不断发展,自身规模与辐射规模不断膨胀。当城市群的集聚都发生在单一中心城市,集聚的积累加速不可避免地会发生中心城市生产与生活成本上涨、管理费用增加、交通堵塞、城市服务功能下降、资源与能源用量增加、环境污染日益严重、生态过载等集聚不经济现象。增长极的经济效率下降造成其辐射强度的降低和辐射范围的缩小,经济辐射带动作用难以发挥,于是城市群中内部城市的经济效率随之下降,资源消耗加剧,环境污染频生,绿色经济效率随之下降。

假设1c:中心度与集中度能够通过相互作用对绿色经济效率产生影响,且多中心和高集聚程度会促进彼此对绿色经济效率的正向影响。

2.3.2.2 城市绿色经济效率的自增强效应

城市绿色经济效率衡量的是资源与环境约束下的经济增长效率，前一时期的绿色经济增长是下一期绿色经济增长的基础。一方面，对具有较好经济效率的城市而言本身各方面的经济发展实力较强，经济发展的可持续性也较好。另一方面，资源利用率较高、污染排放较少、环境治理较好的城市往往具有更佳的产业结构和更为严格的环保政策，这些都具有持久性较强的特点。

假设2：绿色经济效率具有自增强效应。

2.3.2.3 城市群空间结构对绿色经济效率影响的作用机理

本书拟使用超效率SBM模型测度绿色经济效率，该效率可被分解为纯技术效率和规模效率，前者主要用以衡量管理与技术进步带来的绿色经济效率提高，后者主要用以衡量生产规模的扩大带来的绿色经济效率提高。借鉴谢婷婷和刘锦华（2019）的研究思路，假定城市群空间结构是通过对纯技术效率与规模效率的影响，继而对绿色经济效率产生影响的。

基于假设1和上述理论说明，城市群空间结构会对其内部城市的绿色经济效率产生影响，则城市群空间结构应对纯技术效率与规模效率均产生影响作用。

假设3：城市群空间结构对纯技术效率与规模效率均产生影响。

城市群中心度越小，城市群结构越偏向于多中心结构，对纯技术效率和规模效率的提高越是有利。在多中心城市群中，能够发挥规模经济的增长极更多，且在资源更易得到有效配置和利用的同时，造成的污染更少。多中心城市群的经济集聚分布在多个中心城市中，更易发挥"知识网络"效应的作用，有利于促进纯技术效率的提升。

城市群中经济要素的集聚有利于形成强力的增长极，能够吸引更多的人才、资金与技术，推动管理与技术进步，并随着扩散效应与周边城市形成知识共享，从而加速推动纯技术效率的进步。经济要素在城市群中越集中，对纯技术效率和规模效率的提升更为有利。

假设3a：多中心城市群结构更有利于纯技术效率与规模效率的提高。

假设3b：高集聚城市群结构更有利于纯技术效率与规模效率的提升。

2.3.2.4 城市群空间结构对绿色经济效率影响的传导机制

在研究城市群空间结构对城市绿色经济效率影响的基础上，借鉴前人对空间结构影响经济效率与空间结构影响资源与环境等方面的研究成果，本书提出城市群空间结构可能通过科技创新效应、人力资本提升效应和基础设施升级效应促进绿色经济效率的提高。

第一，城市群科技创新能力。城市群内部经济活动的多中心分布能够通过"互借规模"既有利于获得集聚经济，又能够避免过度集聚造成的拥堵效应。多个城市群中心之间的紧密联系能够促进科技创新，而科技创新与技术进步能够提高产出，降低能耗，减少污染，进而提高绿色经济效率（方杏村等，2019）。

第二，城市群人力资本水平。同样基于多中心城市群的"互借规模"效应，中心城市往往集聚着较高的人力资本水平，且有着更为频密的交流，促进知识溢出，对推动整个城市群内部城市的经济增长和避免污染升级都有所助益，可以对绿色经济效率产生促进作用。

第三，城市群基础设施水平。多中心结构的城市之间更需要便利的交通与通信等基础设施以便经济要素在多个增长极之间流动与优化配置。也就是说，经济活动在城市群空间的适度集聚能够通过集聚与扩散效应产生更多的城市间交往需求，促进城市群基础设施水平的提升。得到改善的基础设施会降低运输成本与交易费用,促进劳动分工的深化和规模经济的形成,还能加速知识溢出,继而提高绿色经济效率。

假设4:城市群中心度对城市绿色经济效率的影响通过科技创新效应、人力资本提升效应和基础设施升级效应实现。

假设4a:城市群科技创新能力是城市群中心度与城市绿色经济效率的中介变量。

假设4b:城市群人力资本水平是城市群中心度与城市绿色经济效率的中介变量。

假设4c:城市群基础设施水平是城市群中心度与城市绿色经济效率的中介变量。

2.3.2.5 城市绿色经济效率的其他影响因素

影响城市绿色经济效率的因素除城市群结构以外,还有很多。本书针对这些因素对城市群内部城市绿色经济效率的影响也一并加以分析。

第一,城市网络中心度。对于参与国际、地区竞争重要地域单元的城市群而言,随着群内更为便利高效的交通、通信等基础设施建设,其内部城市间的经济联系将会不断加强。这种加强无疑会带来诸多益处。对组织而言,跨地区组织间交往联系增加、信息与知识交流频繁、信任关系建立更容易、组织获得高质量人力资本和全球化商业服务的可能性更大且付出的成本更低;对个人而言,学习交流机会更多、工作的选择更多、关系网络建立与维护更易、专业技能的利用率更高(Castells,1996;Sassen,2001;Scott,2001)。这些有利于城市群经济效率的提高,更有利于城市群网络中心节点城市或接近中心节点的城市。同时更接近城市群经济联系网络中心的城市也具有更大的技术优势、人才优势、资本优势和更加严格的环境政策,从而能够更有效地减少排放、治理环境、增加城市的绿色经济效率（Capello，2000）。所以，本书认为，位于城市群经济联系网络中心的城市，其绿色经济发展优势更明显。

第二，城市经济集聚程度。根据前文的文献分析，当城市经济集聚程度较高时，经济集聚带来的正外部性会降低企业的交易成本，增加技术升级和知识溢出的可能，不仅能够提高经济效益，还有利于增加资源利用的有效性与降低污染排放，有利于绿色经济效率的提升。但当集聚程度过高，负的外部性超过正外部性时，会对绿色经济效率起到阻碍作用。

第三，城市市场化程度。市场化程度高意味着行政干预较少，各种经济所有制共同发展，且法制更为完善。各方势力对市场的行政干预较少，企业更有可能公平竞争，优化资源配置，提高经济效率和环境治理效率。本研究假定市场化程度越高，相应的经济效率与绿色经济效率就越高。本书假定市场化程度越高，该城市的绿色经济效率越高。

第四，外商直接投资（FDI）。外商直接投资有可能使得被投资国家或地区通过国外先进的技术、知识、管理等，产生技术扩散与知识外溢效应，来提高该国或该地区绿色经济效率（聂玉立和温湖炜，2015），也有可能由于国内环境政策不够完善，而导致高污染、高耗能产业的引进，抑制绿色经济效率的提升（方杏村等，2019）。正是由于我国环境治理措施不及发达国家严格，且跨国投资追求的主要是经济利润而非被投资国的环境效益，所以FDI对当地绿色经济效率的影响是正向还是负向，抑或两相抵消，本书暂时不能确定。

第五，产业结构。合理的产业结构对区域经济的发展至关重要，这已经成为学界与政界的一致共识。一般认为，第三产业较第二、第一产业在推动产业升级，提升地区经济实力和提高经济增长速度方面更占优势。第三产业占比大于第二产业占比，大于第一产业占比是较为优化的产业结构。本研究假定较为优化的产业结构能够对相应地区的经济与绿色经济效率起到推动作用。

第六，知识溢出水平。知识溢出可以使一些相对规模较小的企业接受规模较大的企业研发投入的影响，共同提高生产效率，降低污染水平。本书假定城市的知识溢出对其绿色经济效率有正向推动作用。

本书得出了四个理论假设，内容包括城市群空间结构对绿色经济效率具有影响，且该影响的方向是怎样的；绿色经济效率存在自增强效应；通过分解绿色经济效率为纯技术效率与规模效率，假定城市群空间结构是通过影响这两个变量对绿色经济效率产生影响的；城市群空间结构对城市绿色经济效率的影响通过科技创新效应、人力资本提升效应和基础设施升级效应实现。这一节末尾提出了城市绿色经济效率的其他影响因素，例如城市网络中心度、城市经济集聚程度、城市市场化程度、外商直接投资、产业结构与知识溢出水平，并分析这些变量分别对绿色经济效率有哪些影响，说明了控制这些影响的必要性。

2.4 本章小结

本章首先界定了城市群、城市群空间结构和绿色经济效率等主要概念，阐述了经济增长理论、经济集聚理论和经济集聚空间结构理论这三大研究的主要理论基础，并在此基础上提出了城市群空间结构自优化理论及城市群空间结构形成演进机制，构建了城市群空间结构对其内部城市绿色经济效率影响理论分析框架，以便后续研究工作的展开。

第3章 我国城市群空间结构的测度及演变分析

在着力发展城市群，使其成为区域经济发展增长极的政策导向下，城市群的发展目标是最终形成经济联系密切，经济结构合理的高效率经济发展区域。为了实现这一目标，明确我国主要城市群内部城市的经济影响力，厘清城市群的空间结构及其发展趋势有一定的必要性，引导其朝着有利于绿色经济效率提高的方向发展具有现实意义。

3.1 我国城市群发展概况

城市群的重要性早已成为共识，它是国家和地区参与国际竞争与分工的全新地理单元，是我国加快推进城镇化进程的主体空间形态，也是我国经济发展最具有活力和潜力的核心增长点。本书将我国城市群作为研究对象，首先需要界定我国城市群的范围，甄别研究对象并厘清其发展现状。

3.1.1 范围界定

城市群空间范围界定的重要性毋庸置疑，它是一个城市群明确边界进行合理产业分工、功能整合、区域协调的首要前提。

自19世纪末埃比尼泽·霍华德（1898）提出城镇群体（Town Cluster）概念后，学者们根据各自对城市群概念的不同理解，展开了对城市群范围的界定及相关讨论。格迪斯（Dickinson，1915）认为英国伦敦、法国巴黎、德国柏林，以及美国匹兹堡、芝加哥、纽约及其周边城市已经形成了城市群。同时代英国政府提出的"地方行政区域结合体"、美国政府提出的"标准都市区"也都具有城市群的一些特征。随着世界经济的发展与城镇化进程的推进，除了欧美此外，在苏联、美洲、亚洲陆续有越来越多的城市群被学者识别与界定出来。苏联学者博戈拉德从中心城市人口数量、外围地区城镇居民点数量、中心城市到集聚区边缘的距离远近等方面，提出城市群的具体界定方法（刘荣增，2003）。Gottmann（1957）是较早提出城市群界定定量标准的学者之一。他的五个标准包括城市群中有较密集城市，多个都市区、城市间的密切社会经济联系，连接核心城市的便利交通，人口规模超过2500万人，能起到国际枢纽作用。同时，Gottmann以这些目前看来略为严苛的标准界定了六个城市群：美国东北部大西洋沿岸城市群、北美五大湖城市群、日本太平洋沿岸城市群、欧洲西北部城市群、英国伦敦周边城市群及中国长三角城市群。日本是亚洲较早由政府划定城市群标准的国家。该国行政管理厅早在1950年就提出了划定"都市圈"较为独特的标准，其中包括城市群的地域范围必须使得其中的城市间能够在单日内享受某种城市服务，中心城市人口规模大于10万人。20世纪60年代又修改规定为中心城市须为政府指定，或人口大于100万人，且周边有50万人口以上的城市。此外还创造性地提出城市群周边城市到中心城市的通勤人口须占其自身人口的15%以上等规定。

中国学者较早界定的城市群是长三角和珠三角，周一星（1980）将其称之为"都市连绵区"（Metropolitan Interlocking Region，MIR）。当时的学者也提出了一些城市群的界定标准，例如社会生产力水平较高，商品经济较发达，城镇化水平较高，工业较发达，人口较稠密，由不同等级、类型、特点的城镇集聚而成等（董黎明，1989）。但这些标准都还需进一步具体化，清晰化。姚士谋等（1992）在《中国城市群》一书中提出了特定地域范围内，由相当数量不同性质、类型、规模的城镇化程度较高的城市组成，以一两个超大或特大城市作核心，借助现代化交通工具、综合运输网、信息网络，城市间通过内在联系而构成相对完整的城市"集合体"的标准，具体化为城市群中的城市可分为五个等级规模；总人口大于1500万；城镇人口比重超过40%；铁路网与公路网的密度分别为250~350公里/万平方公里和2000~2500公里/万平方公里；社会消费品零售总额、工业总产值、流动人口分别占全省区超过45%、70%、65%。据此标准，全国可被分为六个超大城市群和七个近似城市群的城镇密集区，分别是沪宁杭、京津唐、珠三角、山东半岛、辽中南、四川盆地和关中、湘中、中原、福厦、哈大齐、武汉、台湾西海岸地区（姚士谋等，1992）。周一星和史育龙也在1995年具体化了其城市群界定标准，包括有两个以上人口超过百万人的特大城市作为城市群的增长极，至少其中之一为开放度较高的国际性都市；有规模较大（年货运吞吐量大于一亿吨）和技术领先的海、空港；有综合交通走廊，各城市间交通便利，运输方式先进；且总人口超2500万人，人口密度达每平方公里700人；各级节点城市间经济社会联系紧密。

顾朝林（1999）提出中国正在形成11个城市集聚区，这一称谓与城市群非常相似，具体包括呈块状分布的辽中南、首都、长三角、珠三角，和呈线状分布的胶济—津浦、滨洲—牡佳、郑州—陇海、成渝四大铁路沿线、湘中和浙赣铁路枢轴、宁夏黄河灌区与闽东中部沿海。倪鹏飞（2008）在此前基础上，加入了城市群中的城市虽彼此之间在经济、社会方面联系紧密但又相对独立，人口与经济集聚的标准，还根据城市群发展阶段的不同设立了不同的阶段性界定标准。在此基础上，方创琳（2009）明确提出城市群划分的最基本标准：组成城市中至少由三个以上大中城市，且必须由一个核心城市带动，内部城市间必须有发达的交通与通信网络，经济技术联系密切的，具有一体化潜力，发展前景广阔，并以此为原则设定了具体的量化标准。也有相当一部分国内外学者依据计算出的城市群空间辐射范围来对其进行界定。例如，陈群元等（2010）、王洁玉（2010）和王丽等（2013）分别运用引力模型、场强模型、断裂点模型等对城市群空间进行界定。

国内外学者大多以零售业影响范围，经济集群的空间组织与辐射范围、人流、物流、信息流等的影响区域，通勤人口固定时间车程的界限，城市间引力为标准对城市群加以界定。这些学者在城市群划分方面做的努力不仅为后来学者的研究奠定了坚实的基础，还为各国政府制定城市群空间规划与城市群发展配套政策等理论支撑与科学依据，促进了地区乃至各国经济的发展。中国十五个城市群范围界定如表3-1所示。

表3-1 中国十五个城市群范围界定

城市群	城市群内部城市	依据	获批时间
京津冀	北京市、天津市 河北省：石家庄市、唐山市、保定市、秦皇岛市、邢台市、邯郸市、衡水市、廊坊市、沧州市、承德市、张家口市	《京津冀协同发展规划纲要》中共中央政治局审议通过	2015年4月
山西中部	山西省：太原市、晋中市、吕梁市、忻州市、阳泉市	《山西中部盆地城市群一体化发展规划纲要（2019—2030年）》山西省省委常委会议审议通过	2019年9月

续表

城市群	城市群内部城市	依据	获批时间
呼包鄂榆	内蒙古自治区：呼和浩特市、包头市、鄂尔多斯市 陕西省：榆林市	《呼包鄂榆城市群发展规划》国务院批复，国家发展改革委印发	2018年2月
辽中南	辽宁省：沈阳市、大连市、鞍山市、抚顺市、本溪市、丹东市、营口市、辽阳市、盘锦市、铁岭市、锦州市	《辽中南城市群发展规划（2017—2030年）》辽宁省城乡建设规划设计院编制	—
哈长	黑龙江省：哈尔滨市、大庆市、齐齐哈尔市、绥化市、牡丹江市 吉林省：长春市、吉林市、四平市、辽源市、松原市、延边朝鲜族自治州	《哈长城市群发展规划》国务院批复，国家发展改革委印发	2016年3月
长三角	上海市 江苏省：南京市、无锡市、常州市、苏州市、南通市、盐城市、扬州市、镇江市、泰州市 浙江省：杭州市、宁波市、嘉兴市、湖州市、绍兴市、金华市、舟山市、台州市 安徽省：合肥市、芜湖市、马鞍山市、铜陵市、安庆市、滁州市、池州市、宣城市	《长江三角洲城市群发展规划》国务院批复，国家发展改革委印发	2016年5月
海峡西岸	福建省：福州市、厦门市、泉州市、漳州市、莆田市、南平市、龙岩市、三明市、宁德市	《海峡西岸城市群协调发展规划》住房城乡建设部批复，福建印发	2018年4月

续表

城市群	城市群内部城市	依据	获批时间
长江中游	湖北省：武汉市、黄石市、鄂州市、黄冈市、孝感市、咸宁市、仙桃市、潜2市、天门市、襄阳市、宜昌市、荆州市、荆门市 湖南省：长沙市、株洲市、湘潭市、岳阳市、益阳市、常德市、衡阳市、娄底市 江西省：南昌市、九江市、景德镇市、鹰潭市、新余市、宜春市、萍乡市、上饶市、抚州市、吉安市	《长江中游城市群发展规划》国务院批复，国家发展改革委印发	2015年3月
山东半岛	山东省：济南市、淄博市、泰安市、德州市、聊城市、青岛市、潍坊市、烟台市、威海市、东营市、滨州市、济宁市、菏泽市、枣庄市、临沂市、日照市	《山东半岛城市群发展规划（2021-2035年）》山东省政府批复	2017年2月
中原	河南省：郑州市、开封市、洛阳市、平顶山市、新乡市、焦作市、许昌市、漯河市、济源市、鹤壁市、商丘市、周口市 山西省：晋城市 安徽省：亳州市	《中原城市群发展规划》国务院批复，国家发展改革委印发	2016年12月
珠三角	广州市、深圳市、珠海市、惠州市、东莞市、肇庆市、佛山市、中山市、江门市	《珠江三角洲地区改革发展规划纲要（2008—2020年）》国家发展改革委印发	2008年12月
北部湾	广西壮族自治区：南宁市、北海市、钦州市、防城港市、玉林市、崇左市 广东省：湛江市、茂名市、阳江市 海南省：海口市、儋州市、东方市、澄迈县、临高县、昌江县	《北部湾城市群发展规划》国务院批复，国家发展改革委印发	2017年2月

续表

城市群	城市群内部城市	依据	获批时间
成渝	重庆市 四川省：成都市、自贡市、泸州市、德阳市、绵阳市、遂宁市、内江市、乐山市、南充市、眉山市、宜宾市、广安市、达州市、雅安市、资阳市	《成渝城市群发展规划》国务院批复，国家发展改革委、住房城乡建设部联合印发	2016年4月
关中平原	陕西省：西安市、宝鸡市、咸阳市、铜川市、渭南市、杨凌农业高新技术产业示范区、商洛市 山西省：运城市、临汾市 甘肃省：天水市、平凉市、庆阳市	《关中平原城市群发展规划》国务院批复，国家发展改革委印发	2018年2月
兰州-西宁	甘肃省：兰州市、白银市、定西市 青海省：西宁市、海东市	《兰州-西宁城市群发展规划》国务院批复，国家发展改革委印发	2018年3月

我国"十三五"规划明确提出要进一步加大城市群的建设力度，重点建设京津冀、长三角、珠三角、山东半岛、海峡西岸、辽中南、哈长、中原、长江中游、成渝、关中平原、北部湾、山西中部、呼包鄂榆、黔中、滇中、兰州-西宁、宁夏沿黄、天山北坡19个城市群，以形成更多区域发展的增长极。考虑到其中的黔中、滇中、宁夏沿黄、天山北坡因为在研究时间范围内地级市数量较少，行政区域划分变动幅度较大，不符合本研究的基本要求，故本书的范围最终锁定在京津冀、长三角、珠三角、长江中游、哈长、成渝、中原、北部湾、呼包鄂榆、关中平原、兰州-西宁、海峡西岸、山东半岛、山西中部和辽中南这15个城市群。

为促进区域经济进一步健康有序发展，发挥城市群在国家现代化建设与全方位开放格局中的重要作用，凭借诸多学者进行充分科学研究的理论基础，在对城市群现状进行透彻分析、准确定位、合理规划的基础上，我国各级政府先后出台了多项城市群发展规划，作为城市群一体化发展的重要指导和操作依据。考虑到"规划"对资源的调节、政策的导向作用，以及数据的可得性与合理性，本书主要以"规划"中明确指出的地级以上城市作为我国主要15个城市群的城市范围。

表3-1所列即为本书的研究范围，具体包括15个城市群及其中包含的地级以上城市。其中需要加以说明的是，珠三角城市群在2019年被正式纳入粤港澳大湾区，但由于香港、澳门两地统计口径不同，故未被计入研究范围，仅保留"珠三角9市"。兰州-西宁城市群中的海东市于2013年2月18日经国务院批准撤地设市，其乐都区与平安区也分别于2013年、2015年撤县设立，缺乏准确的2009—2018年地级市数据；山东半岛城市群规划中的原莱芜市已于2019年1月9日并入济南市，现为济南市莱芜区，故也未计入研究范围。另外，以下城市群的顺序以统计年鉴中省份和城市的顺序为准。

3.1.2 各城市群现状

要对城市群及其内部城市展开研究，首先要了解其基本情况。本书将就研究范围中15个城市群目前的基本情况进行概括阐述。

3.1.2.1 京津冀城市群基本情况

京津冀城市群位于我国中东部地区华北平原的环渤海地带，包括首都北京和直辖市天津，是中国北方规模和影响力最大的地区、我国的政治、文化中心、中国最为重要的城市群之一。

京津冀城市群国土面积21.7万平方公里，占全国国土总面积2.3%；2017年城市群区域GDP为7.9万亿元，约占同年全国GDP的9.5%；年末总人口11347.9万人，占全国年末总人口的8.2%。

3.1.2.2 山西中部城市群基本情况

山西中部城市群又名"山西中部盆地城市群",位于山西省中心地带,是以太原都市区为内核,涵盖太原市、晋中市、忻州市、吕梁市、阳泉市的单一省份城市群,属于山西省发展基础较好,发展潜力较大的地区。该城市群除约占全省47.3%的土地面积、1/4的人口和1/3的GDP以外,还聚集了2/3的高校,被山西省政府定位为该省大力实施区域协调发展战略,高质量转型发展的强大引擎,是推进山西中部盆地一体化发展的强力推手,未来将从坚持共建共享、协同共进、开放共赢、统筹共荣、绿色共保和民生共享六个方面具体推进。其规划纲要的编制、审批工作正在进行中。

山西中部城市群国土面积7.4万平方公里,约占全国国土总面积0.8%;2017年城市群区域GDP 0.7万亿元,约占同年全国GDP的0.8%;年末总人口1553万人,占全国年末总人口的1.1%。

3.1.2.3 呼包鄂榆城市群基本情况

呼包鄂榆城市群是我国中北部的跨省城市群,位于全国城市化战略格局北端,在推进新型城镇化和完善沿边开发开放布局中具有重要地位。城市群一体化程度和城镇体系有待进一步发展。城镇化程度较高,2016年常住人口城镇化率已经达到69.3%,高出全国平均水平约12个百分点。交通基础设施条件较好,具备现代交通枢纽雏形,其范围内建有京藏、京新、荣乌、青银、包茂等多条高速公路和京兰、包西、太中银等铁路,高速公路和铁路纵穿南北,建有呼和浩特、鄂尔多斯两个国际机场、包头和榆林支线机场。能源、资源富集,煤炭、石油、天然气和稀土、石墨、岩盐、铁矿均有贮藏,风能、光能充足,各城市交往较为密切,合作较为深化,具备协同发展基础。

该城市群的规划范围包括内蒙古自治区的呼和浩特市、包头市、鄂尔多斯市和陕西省的榆林市,其中呼和浩特和包头市已跨入大城市行列,鄂尔多斯市和榆林市尚属中等城市,国土面积共达17.5万平方公里,2017年常住人口1191.2万人,地区GDP为1.7万亿元,分别约占全国的1.8%、0.9%和2.0%。

3.1.2.4 辽中南城市群基本情况

作为东北地区第二大城市群,辽中南城市群肩负着推动辽宁全面振兴的重大使命,其发展规划由辽宁省政府委托辽宁省城乡建设规划设计院编制,目前已经顺利通过专家评审。该城市群位于我国东北地区南部,辽宁省的中南部,面朝渤海,毗邻朝鲜,与韩国隔海相望,计划以东北地区经济中心和交通、文化、信息中心,全国最大综合重工业基地沈阳市和东北亚国际航运中心、东北最大港口城市、重要外贸口岸大连市为增长极,带动辐射周边城市鞍山、抚顺、本溪、丹东、营口、辽阳、盘锦、铁岭和锦州。该城市群地跨辽宁省发展条件最优、综合实力最强的区域,是东北地区对外开放的前沿,工业发展的龙头,但经济发展也受到东北地区劳动力人口外迁压力和东北亚局势的稳定程度的不利影响。

辽中南城市群国土面积10.7万平方公里,占全国国土总面积1.1%;2017年城市群区域总产值2.1万亿元,约占同年全国总产出的2.5%;年末总人口3235.1万人,占全国年末总人口的2.3%。

3.1.2.5 哈长城市群基本情况

哈长城市群位于我国东北地区腹地,包括黑龙江省的哈尔滨市、大庆市、齐齐哈尔市、绥化市、牡丹江市和吉林省的长春市、吉林市、四平市、辽源市、松原市及延边朝鲜族自治州，南邻辽中南城市群，西靠内蒙古自治区，与俄罗斯、朝鲜接壤，是我国对外开放的重要门户之一。该城市群城镇体系较为完备，2015年底城镇化率为56.5%，以特大型城市哈尔滨和Ⅰ类大型城市长春为发展轴心，依托哈大齐牡、长吉图发展带，构建"双核一轴两带"的城市群空间格局。该区域是我国重要的老工业基地、最大的商品粮基地，具有丰富的煤炭、石油和天然气等资源，工业体系较为完备，边境贸易、国际物流等服务业不断发展，经济基础较好。该城市群虽有着高校与科研院所众多、旅游资源丰富等优势，但也面临着腹地城市与核心城市发展差距明显、经济增长活力不足、资源型城市转型困难、行政壁垒阻碍要素流动、民营经济活力不足、青壮年人口外迁等一系列发展瓶颈，更加凸显了加快哈长城市群建设，加快产业集群和人口集聚，打造辐射带动区域发展增长极，完善城市群空间结构，推动区域协调发展的重要意义。

哈长城市群国土面积27.9万平方公里，2017年年末总人口约4562.6万人，区域GDP为2.6亿万元，分别约占全国的2.9%、3.3%、3.1%。

3.1.2.6 长三角城市群基本情况

长三角城市群位于中国东南部沿海地区，具有显著的区位优势，是我国开放程度最高，经济实力最强，城镇化水平最高的地区之一，也是我国着力打造的世界级城市群之一。该城市群横跨分列2017年全国省市GDP排行榜第11、第2、第4与第13名的上海与江苏、浙江、安徽四个省级行政区，包含上海市、江苏省的南京市、无锡市、常州市、苏州市、南通市、盐城市、扬州市、镇江市、泰州市，浙江省的杭州市、宁波市、嘉兴市、湖州市、绍兴市、金华市、舟山市、台州市，以及安徽省的合肥市、芜湖市、马鞍山市、铜陵市、安庆市、滁州市、池州市、宣城市等地。长江三角洲城市群被定位为"我国参与国际竞争的重要平台"和"经济社会发展的重要引擎""在国家现代化建设大局和全方位开放格局中具有举足轻重的战略地位"。它的区位优势十分明显，位于东亚地理中心，是"一带一路"的重要节点。长三角地区控江滨海，水陆空交通极为便利，拥有现代化水平很高的上海港、宁波港、温州港、舟山港、泰州港、苏州港等海港和内河港，其中上海港已雄踞吞吐量世界第一宝座多年；拥有上海浦东、上海虹桥、南京禄口、无锡硕放、扬州苏中江都、杭州萧山、宁波栎社、舟山普陀山、台州路桥、义乌、合肥骆岗、安庆、阜阳等组成的大型枢纽与支线机场群，立体综合交通网络体系基本形成，现代化程度全国领先。长三角城市群的建设目标是成为引领全国、面向全球、辐射亚太的世界级城市群，具有全球影响力的资源配置中心、科技创新中心、现代服务业与先进制造业中心。

长三角城市群国土面积21.3万平方公里，2017年地区GDP为16.1万亿元，总人口1.5亿人，上述三项指标分别约占全国同期的2.2%、19.4%和10.8%。

3.1.2.7 海峡西岸城市群基本情况

海峡西岸城市群位于我国东南部沿海地区，是以福建省为主体，以海峡西岸经济区各城市为主要组成部分的单一省份城市群。闽东以省会福州为中心，闽西南着重厦、泉、漳合作形成合力，力求辐射带动粤东、浙南和江西等周边地区的发展。该地区隔海峡与台湾相望，是开展对台合作的重要平台，区域协调范围除福建省全境外还包括台湾地区，即将被发展成为两岸交流合作的先行先试区域，对外开放综合通道，东部沿海重要的先进制造业基地，我国重要的自然和文化旅游中心。海峡西岸城市群的大力建设对促进海峡西岸城市群协调发展，提升城市群综合承载和辐射带动能力，完善国家区域发展格局，促进海峡两岸交流合作和共同繁荣等具有重要意义。

海峡西岸城市群规划陆域面积12.4万平方公里，海域面积13.6万平方公里，陆域面积占全国领土面积的1.3%，海域面积约占我国水域面积的2.9%；2017年该城市群区域GDP 3.1万亿元，占同年全国GDP的3.7%；年末总人口3911万人，占全国年末总人口的2.8%。

3.1.2.8 长江中游城市群基本情况

长江中游城市群区位条件优越，地处我国中部长江流域，横跨湖北、湖南、江西三省，是连接珠三角、长三角、京津冀和成渝四大国家级城市群的交通枢纽，地理位置十分重要。该城市群是以武汉、长沙、南昌三大省会城市为发展核心，以武汉城市圈、环长株潭城市群、环鄱阳湖城市群、江淮城市群为发展主体的超特大城市群，面积为全国乃至全世界规划城市群之最，经济总量约列中国城市群第三。该城市群交通条件优越，拥有武汉港、九江港、岳阳港、荆州港、黄石港、宜昌港、南昌港、长沙港等现代化港口群，武汉天河、宜昌三峡、荆州沙市、襄阳刘集、长沙黄花国际机场、张家界荷花机场、常德桃花源机场、江西昌北等众多民用机场群，以及较为密集的现代化铁路、公路交通干线。城市群内人口众多、资源丰富、农业发达，工业产业布局较好，服务业发展较快，但同时在一体化发展机制、中心城市辐射带动能力、空间结构、绿色发展、城乡差距等方面尚有一定的提升空间。

长江中游城市群国土面积34.3万平方公里，占全国国土总面积的3.6%；2017年城市群区域GDP 7.5万亿元，占同年全国GDP的9.0%；年末总人口1.3亿人，占全国年末总人口的9.4%。

3.1.2.9 山东半岛城市群基本情况

山东半岛城市群位于环渤海咽喉区域，黄河入海口腹地，是包含我国山东省济南、淄博、青岛、烟台等16个城市的单一省份城市群，涵盖该省着力发展的济南都市圈、青岛都市圈、烟威都市区、东滨都市区、济枣菏都市区和临日都市区。该地区城市较密集，经济发展水平较高，城镇体系较完善，交通便利，被定位为我国北方重要的开放门户、京津冀和长三角城市群的重点联动区、国家蓝色经济示范区、高效生态经济区和环渤海地区的重要增长极。

山东半岛城市群国土面积15.9万平方公里，占全国国土总面积1.7%；2017年城市群区域GDP为7.3万亿元，占同年全国GDP的8.8%；年末总人口1.0亿人，占全国年末总人口的7.2%。

3.1.2.10 中原城市群基本情况

中原城市群位于我国河南省中部，以河南、山西、安徽三个行政省的特大城市郑州市和开封市、洛阳市、晋城市和亳州市等14个大、中、小城市为核心发展区协调发展，联动辐射河南周边的河北、山西、山东和安徽四省的其他地区。该城市群有着众多的发展优势，交通条件优越，立体综合交通网络渐成格局，高速公路通车里程位居我国前列，高速铁路网较为发达，郑州新郑、洛阳北郊等机场与周边主要枢纽机场的快速联通十分便利，现代综合交通枢纽格局正在加速形成；自然禀赋优良，气候宜居，自然资源丰富，历史积淀深厚，人文旅游资源数量众多。与此同时，中原城市群的发展还面临一些障碍，包括中心城市国际化、现代化程度不高，大城市数量不多，中、小型城市发展不够成熟；自主创新能力总体不强，高层次人才缺乏；生态环境与资源短缺问题较突出；城市群中河南省外城市占比很小，群内协调机制存挑战。该城市群是承接东部发达地区产业转移与通连西部资源东输的枢纽区域，发展目标是建设成为参与国内外竞争、促进中部崛起、辐射带动周边地区发展的核心增长极。

中原城市群行政区域土地面积10.0万平方公里，占全国国土总面积的1.0%；2017年城市群区域GDP为3.2万亿元，占同年全国GDP的3.8%；年末总人口7531万人，占全国年末总人口的5.4%。

3.1.2.11 珠三角城市群基本情况

珠三角城市群位于我国东南部沿海的广东省珠江下游地区，主要包括广州市、深圳市、珠海市、佛山市、惠州市、东莞市、中山市、江门市、肇庆市9个城市，是我国传统对外开放的门户，参与国际竞争的主体区域，经济发展的重要引擎。该城市群发展优势十分明显，主要包括自然条件好，生态环境佳；开放程度高，经济活力强；创新能力强，人才集中度高；中心城市辐射带动作用强等。同时，该城市群也面临着产能过剩，供需不平衡，经济增长模式转型，各地发展水平差距大，资源能源可持续性不强，人口红利减退等挑战。珠三角城市群的发展目标是推动区域协同发展，成为全国推进实施供给侧结构性改革、创新驱动发展战略、构建开放型经济新体制的有力支撑点，建设有国际竞争力的世界级城市群，打造高质量城市群发展典范。

珠三角城市群国土面积5.5万平方公里，占全国的0.6%；2017年年末总人口6144万人，占全国约4.4%；2017年城市群区域GDP约7.4万亿元，约占全国GDP的8.9%。

3.1.2.12 北部湾城市群基本情况

北部湾城市群地处我国西南边陲，毗邻粤港澳，是占据我国与东盟开放合作重要战略位置的跨省份城市群。它位于全国城镇化战略格局沿海纵轴的最南端，是我国沿海与沿边开放的交汇地区。该城市群属于热带亚热带气候，生态环境条件优渥，港口、岸线、油气、农林、旅游资源丰富，地势平坦，发展潜力较大，人口承载力较强。该城市群具备较大的开放合作发展潜力，广西钦州港、防城港、北海港"三港合一"而成的北部湾港口群在近年航运业低迷的背景下业务量逐年上涨，防城港东兴、钦州、崇左、湛江、阳江等口岸经济持续向好，海陆开放通道均已逐渐成形，开放型经济初具规模。该城市群的城镇发展结构较好，常住人口500万人以上1000万人以下的城市特大城市有4个，分别是南宁市、玉林市、湛江市、茂名市，辐射带动其他中小城市和小城镇快速发展。粤桂琼三省地理位置毗邻，文化同源、民俗接近，社会、政治、经济、文化交流密切，区域合作具备人文基础。

北部湾城市群所含该区域包括广西壮族自治区的南宁市、北海市、钦州市、防城港市、玉林市和崇左市，广东省的湛江市、茂名市、阳江市，海南省的海口市、儋州市、东方市、澄迈县、临高县、昌江县，陆域面积11.0万平方公里，占全国1.1%。海岸线4234公里，占全国海岸线总长度的13%。2017年年末总人口4227.5万人，城市群区域GDP为1.8万亿元，分别占全国的3.0%和2.2%。

3.1.2.13 成渝城市群基本情况

成渝城市群位于我国西南部四川盆地，是西部最大城市群，也是西部大开发战略的重要实施平台，主要包括重庆市大部，四川省成都市、自贡市、泸州市、德阳市、遂宁市、内江市、乐山市、南充市、眉山市、宜宾市、广安市、资阳市与达州市、雅安市、绵阳市的大部分地区。该城市群处于全国"两横三纵"城市化战略格局的交汇地带，"一带一路"的重要节点，具独特的起承东西、连接南北的区位作用；交通网络密集，产业实力较强；人才汇集，经济开放；气候宜居，自然资源丰富。该城市群发展面临的主要问题是两大中心城市协同度不高，基础设施建设协调度不高；城市群结构不够合理，中心城市与腹地城市发展差距大；基础设施互联互通程度有待加强，能源资源利用和治理水平有待提高等。成渝城市群的大力发展有利于保障国土安全、优化我国的国土布局，该城市群将成为西部地区的增长极，充分辐射带动周边地区的经济发展。

成渝城市群国土面积约为23.95万平方公里，约占全国国土总面积的2.5%；2017年城市群区域GDP为5.2万亿元，约占同年全国GDP的6.3%；年末总人口1.1亿人，约占全国年末总人口的7.9%。

3.1.2.14 关中平原城市群基本情况

关中平原城市群是我国西部地区第二大城市群，位于中国内陆中心，规划范围主要包括陕西省省会，西北地区唯一特大城市西安，以及宝鸡市、咸阳市、铜川市、渭南市，山西省运城市、临汾市部分地区，甘肃省天水市及平凉市、庆阳市部分地区。关中平原城市群具有较好的发展基础，交通基础设施较为完善，拥有国际枢纽机场西安咸阳国际机场、安康富强、榆林榆阳等多个支线机场；密集分布着以西安为中心的高速铁路、公路网，拥有全国综合交通物流枢纽；经济基础较好，产业体系较全，科技创新能力强，是我国重要的装备制造业、高新技术产业和国防科技工业基地；该地区历史文化底蕴非常深厚，拥有大量历史文化遗产和人文自然资源，区域认同感强。关中平原城市群在我国西部虽有比较优势，但仍存在一定的发展瓶颈需要突破，例如中心城市辐射带动作用有待加强，城市数量不足且分布松散；创新潜力发挥不足，科技成果就地转化率低；对外开放程度不高，仍存体制机制障碍，民营经济发展滞后；尤其是生态环境污染严重，资源不足且分布不均。提升关中平原城市群的辐射带动能力，有利于推动我国西北部地区经济增长，引领西北地区开发开放，纵深推进"一带一路"建设。

关中平原城市群国土面积16.2万平方公里，占全国国土总面积的1.7%；2017年城市群区域GDP1.8万亿元，占同年全国GDP的2.2%；年末总人口4591万人，占全国年末总人口的3.3%。

3.1.2.15 兰州-西宁城市群基本情况

兰州-西宁城市群是位于我国西北以兰州市和西宁市为核心的重要跨省城市群，地处新亚欧大陆桥国际经济合作走廊中段，是我国至中、西亚的重要经济支撑，主要包括甘肃省的兰州市、白银市大部、定西市大部和青海省西宁市、海东市等地。该城市群人口分布较周边地区更为密集，科技力量相对较强，资源禀赋相对更佳，经济基础相对较好，但相对于其他地区城市群还存在基础设施发展滞后，路网等级与密度双低；开放程度低，民营经济活力不足；人才储备不够，创新能力不足；城市等级普遍不高，服务职能落后；生态环境恶化较严重，资源分布不均等待解决问题。虽面临很多困难，但发展该城市群关系到国家安全和发展战略的全局实现，所以还是必须要紧抓机遇、取长补短，大力发展兰州-西宁城市群。

兰州-西宁城市群国土面积约6.2万平方公里，约占全国0.6%。2017年整个城市群地区生产总值0.4万亿元，常住人口1097万人，分别约占同年全国GDP的0.5%和总人口的0.8%。

从上述城市群基本情况的分析中，可以看出我国15个主要城市群所处地理位置较为重要，发展情况良好，经济与人口均占据全国较大比例，对我国绿色经济发展非常重要。

3.1.3 经济发展概况

进一步分析我国15个城市群的经济总量及其占全国的比例，2008至2017年总体经济增长情况与发展趋势，产业结构状况及转变方向，有利于加深对研究对象的认识，为后续研究打下基础。

本书从经济总量、经济增长与产业结构三个方面对我国十五个城市群的经济发展情况加以概述。

3.1.3.1 经济总量

2017年，中国主要十五个城市群的国土面积合计约为242万平方公里，约占我国国土总面积的25%；主要十五个城市群的人口规模已达到9.8亿人，集中了全国逾70%人口；全年创造的生产总值之和约为69万亿元，超过当年全国国内生产总值的80%。该15个主要城市群在约占全国国土面积四分之一的土地上，养育了大半的人口，创造了超过80%的国内生产总值，反映出城市群作为今后我国城镇化的主要发展方向，其经济影响力和发展潜力巨大，同时折射出该十五个城市群在很大程度上能够反映我国经济整体的运行情况与竞争实力。

图3-1所示为2008至2017年我国主要城市群的GDP真实值与全国GDP真实值的数量及对比情况。其中的GDP都是以2008年为基期换算的真实值，利用当年各省以及全国GDP指数进行平减计算求得。从图3-1可以看出，自2008至2017年，我国主要城市群的经济规模随着全国GDP的增长而不断增加，并且一直占有较大份额，说明了城市群的发展对于我国整体建设的重要性。

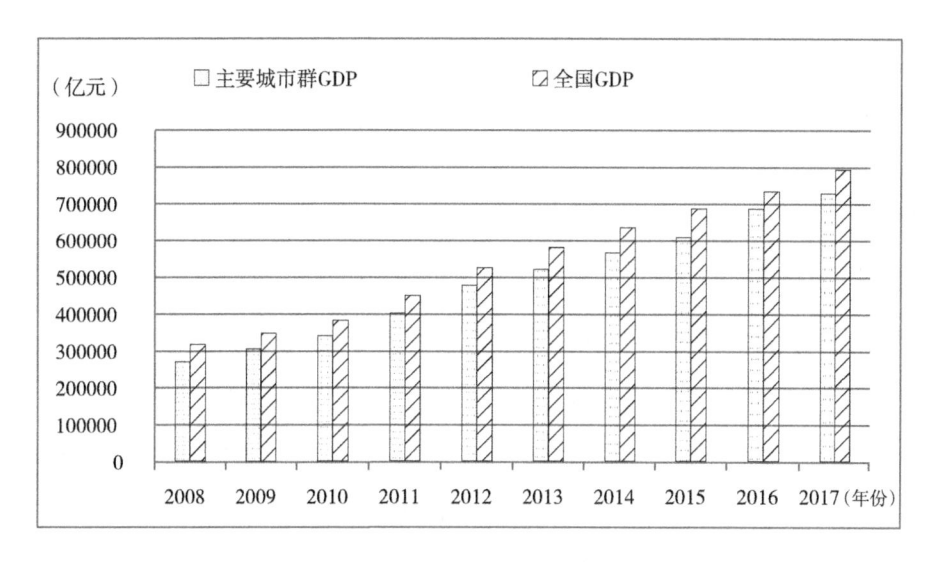

第3章 我国城市群空间结构的测度及演变分析

图3-1 我国主要城市群经济规模总量（2008—2017年）

除了城市群的经济规模以外，政府财政收入、全社会零售总额、固定资产投资和利用外资金额等也都能从不同角度反映各个城市群的经济发展情况，2017年我国主要城市群部分社会经济指标概况见表3-2。

表3-2 2017年我国主要城市群部分社会经济指标概况

城市群	常住人口（万人）	国土面积（平方公里）	生产总值（亿元）	财政收入（万元）	零售总额（亿元）	固定资产投资（亿元）	利用外资（亿元）	高校在校生（万人）	就业（万人）
京津冀	11348	216644	78546	8385	26919	55009	2424	243	2930
山西中部	1553	74330	7023	580	2954	16806	38	68	399
呼包鄂榆	1191	174893	16516	825	3480	10117	146	34	345
辽中南	3235	107016	21434	1760	10370	6109	278	96	1033
哈长	4563	279380	25833	1145	10851	18201	839	126	1125
长三角	14660	213112	161264	15943	52029	91658	3672	382	7817

89

续表

城市群	常住人口（万人）	国土面积（平方公里）	生产总值（亿元）	财政收入（万元）	零售总额（亿元）	固定资产投资（亿元）	利用外资（亿元）	高校在校生（万人）	就业（万人）
海峡西岸	3911	123727	31180	2133	10769	24215	475	76	1588
长江中游	12842	343214	75342	5336	26561	62287	1880	344	3397
山东半岛	10116	158747	73315	4825	27397	55428	1005	207	3075
中原	7531	100124	32344	2176	11874	31156	770	171	1576
珠三角	6144	54956	73832	6189	22677	23648	1222	175	3382
北部湾	4228	109749	17731	900	6886	13758	45	85	867
成渝	11092	239548	52174	3909	19456	43482	686	220	3146
关中平原	4591	161746	18170	981	7212	21834	31	109	891
兰州-西宁	1097	61564	4355	290	1787	9049	15	49	309

注：表中具有时间价值的各项指标均为以2008年为基期计算的真实值，利用外资金额是以当年平均汇率换算成人民币后以2008年为基期的真实值。

如表3-3所示，2017年，在我国十五个城市群中，经济总量最大的四大城市群依次是长三角、京津冀、长江中游和珠三角；最小的两个城市群是山西中部与兰州-西宁城市群。城市群经济总量之间差距较大。排名第一的长三角生产总值占十五个城市群生产总值的23.4%，是第二名京津冀的2倍有余，是排名最末的兰州-西宁的39倍。

表3-3 2008、2017年我国城市群经济总量（真实值）排名

	2017			2008		
排名	城市群	GDP（万亿元）	占比（%）	城市群	GDP（万亿元）	占比（%）
1	长三角	16.1	23.3	长三角	6.2	22.9

续表

排名	2017 城市群	GDP（万亿元）	占比（%）	2008 城市群	GDP（万亿元）	占比（%）
2	京津冀	7.9	11.4	京津冀	3.3	12.3
3	长江中游	7.5	10.9	山东半岛	3.2	11.8
4	珠三角	7.4	10.7	珠三角	3.0	10.9
5	山东半岛	7.3	10.6	长江中游	2.4	8.9
6	成渝	5.2	7.5	成渝	1.6	5.9
7	中原	3.2	4.6	辽中南	1.4	5.3
8	海峡西岸	3.1	4.5	中原	1.3	4.9
9	哈长	2.6	3.8	哈长	1.2	4.5
10	辽中南	2.1	3.0	海峡西岸	1.1	3.9
11	关中平原	1.8	2.6	关中平原	0.7	2.4
12	北部湾	1.8	2.6	北部湾	0.6	2.3
13	呼包鄂榆	1.7	2.5	呼包鄂榆	0.6	2.1
14	山西中部	0.7	1.0	山西中部	0.3	1.2
15	兰州-西宁	0.4	0.6	兰州-西宁	0.2	0.6

3.1.3.2 经济增长

在本书所涉及的2008至2017年十年间，我国主要15个城市群的经济总量呈稳步上升趋势，近几年增速有所趋缓，这与全球经济、金融市场萎靡，我国调整产业结构，转变经济增长方式的内外部环境因素密切相关。从2008至2017年我国主要城市群的GDP真实值在全国GDP真实值中的占比情况可以看出，十年间中国主要的15个城市群的经济总量占全国GDP的比例虽然在2012年与2016年经历了下行拐点，但始终高于80%，这充分说明了城市群的发展在中国城镇化进程和经济发展过程中的重要性在不断增强，大力推进城市群的发展是推动国家重大区域战略融合发展的有效举措。

各大城市群经济总量从2008至2017年在时间序列上显示出不断增长，且大部分增长较快的趋势。从图3-2中可以看出，绝大多数城市群增量较大，增幅较大。

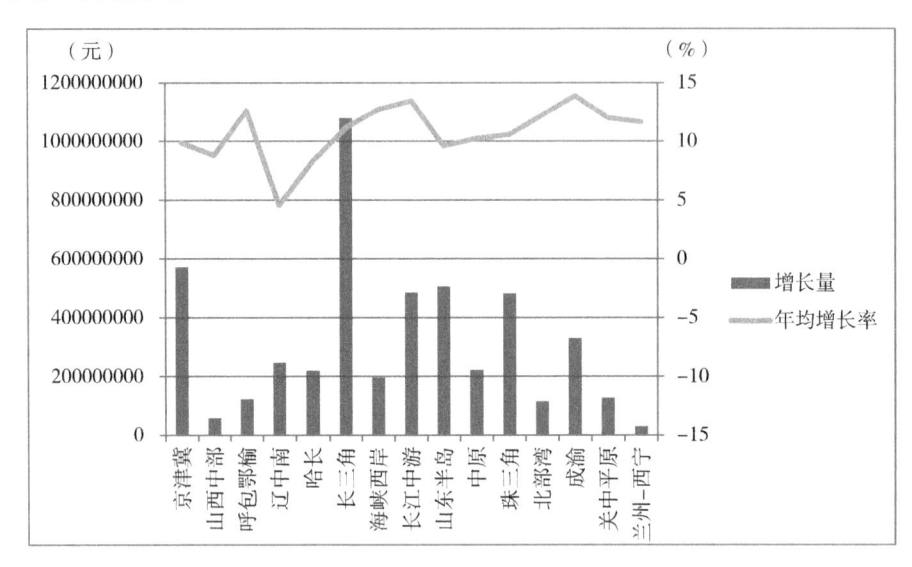

图3-2　我国主要城市群2008—2017年GDP增长量与年均增长率对比

一方面，经济总量十年增长量最大的前五个城市群分别是长三角、长江中游、京津冀、珠三角和山东半岛城市群，均属于东部城市群，这五个城市群的经济总量在本研究时段的期末分别达到各自期初经济规模的2.6倍、3.1倍、2.3倍、2.5倍和2.3倍；而增量最小的城市群则是山西中部和兰州-西宁城市群。

另一方面，从增长速度来看，经济总量十年年均增长率最高的前五位城市群依次是：成渝、长江中游、海峡西岸、呼包鄂榆、北部湾城市群，其十年年均增长率均高于12%；最低的两个城市群是辽中南和哈长城市群，均位于东北地区，显示出该地区近年来经济增长较为缓慢的趋势。

3.1.3.3 产业结构

对我国城市群的经济概况加以分析，还需要了解其产业结构的现状、变化趋势，并对不同城市群的产业结构发展状况加以对比分析。产业结构是指第一产业农业、第二产业工业和第三产业服务业在一国或某一地区经济结构中的比例关系。在城市群经济发展过程中，不同的生产部门，会在增长速度、就业人数、经济总量占比等方面表现出较大差异，产业结构也会有所不同。一般而言，随着一国或一地的经济发展，其产业结构重心会发生由第一产业向第二产业、第三产业逐次转移的过程，这种现象被称为产业结构高级化，能够说明一国或一地经济发展水平的高低和发展方向。

在研究时间范围期间，我国城市群的产业结构大多发生了较为明显的变化。在中国十五个城市群中，大部分属于全国经济最发达的区域，不仅在经济规模上处于优势地位，在产业规模和产业结构上也相对更具优势。

2008年和2017年我国十五个城市群的三次产业产值分别如图3-3和图3-4所示。由图可见，无论是2008年还是2017年，中国城市群的第一产业规模相对于第二、三产业而言，都只占较小的比例。十年间中国城市群产业规模大幅增加，产业结构明显优化。

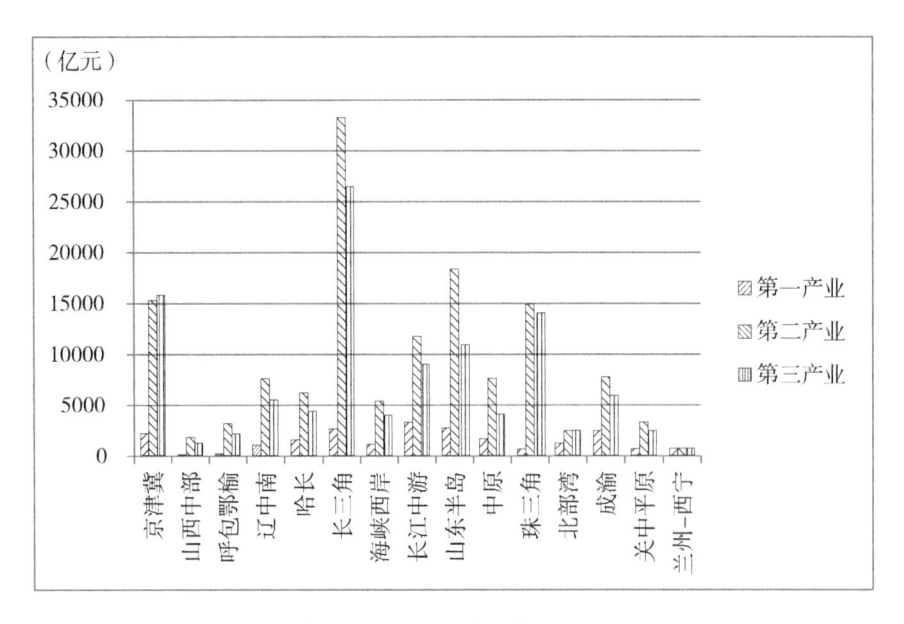

图3-3 中国城市群三次产业产值对比（2008）

从图3-3能够看出，2008年产业结构较为合理的只有京津冀城市群，产业规模较小但结构基本合理的有北部湾和兰州-西宁城市群。从图3-4可以看到，2017年我国城市群产业规模大幅增加，产业结构升级明显。其中长三角、京津冀、珠三角城市群第三产业占比明显居高，大多数城市群的第三产业占比均高于其第一产业占比和第二产业占比，产业结构普遍比2008年更为合理。

我国十五个城市群的第一、二、三产业规模均2017年较2008年有了较大幅度增长，第三产业规模增长最为显著。城市群产业结构也更为优化合理。京津冀、山西中部、辽中南、哈长、长三角、珠三角、兰州-西宁七大城市群的第三产业比重都已超过50%，详见表3-4。

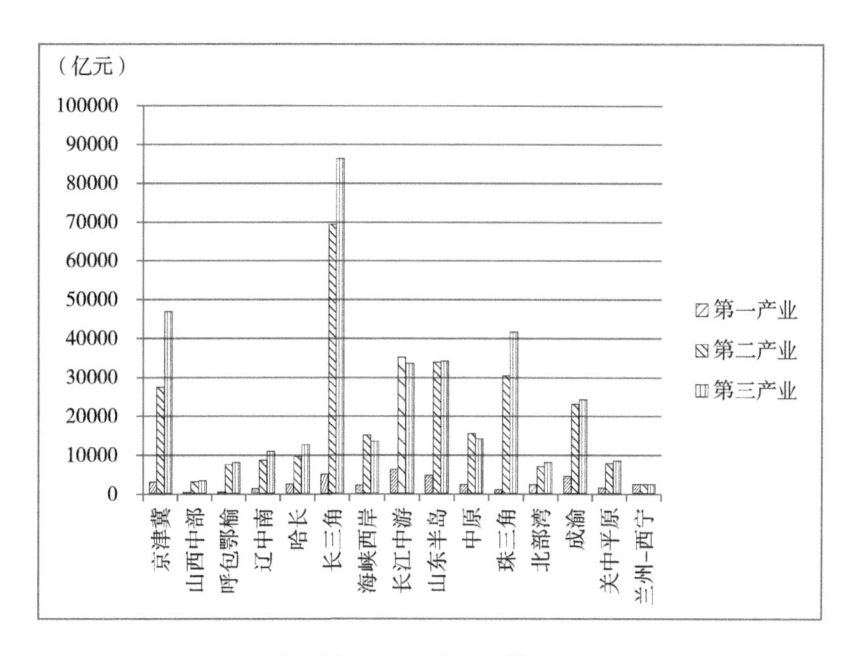

图3-4 中国城市群三次产业产值对比（2017）

表3-4 我国城市群产业结构（2008、2017）

序号	年份 城市群	2008 一产占比（%）	2008 二产占比（%）	2008 三产占比（%）	2017 一产占比（%）	2017 二产占比（%）	2017 三产占比（%）
1	京津冀	6.8	45.8	47.4	4.4	36.1	59.5
2	山西中部	3.8	56.7	39.5	3.8	45.8	50.5
3	呼包鄂榆	4.4	56.8	38.8	3.7	46.4	49.8
4	辽中南	7.7	53.5	38.8	7.3	40.9	51.7
5	哈长	13.3	50.8	36.0	11.0	39.0	50.5
6	长三角	4.3	53.3	42.5	3.2	43.2	53.6
7	海峡西岸	10.9	51.0	38.1	7.5	48.9	43.6

续表

序号	年份 城市群	2008 一产占比（%）	2008 二产占比（%）	2008 三产占比（%）	2017 一产占比（%）	2017 二产占比（%）	2017 三产占比（%）
8	长江中游	13.7	48.8	37.5	8.5	46.8	44.7
9	山东半岛	8.6	57.3	34.1	6.7	46.5	46.8
10	中原	12.5	56.8	30.7	7.6	48.3	44.1
11	珠三角	2.4	50.3	47.3	1.6	41.7	56.7
12	北部湾	20.1	39.5	40.4	14.2	40.0	45.8
13	成渝	15.3	48.0	36.7	8.8	44.6	46.6
14	关中平原	11.1	50.6	38.3	9.1	44.0	46.9
15	兰州-西宁	7.2	48.7	44.2	5.4	36.7	57.9

我国十五个城市群中的十二个已具备了"三二一"的产业协调发展特征，整体三产占比呈上升趋势，第二产业和第一产业占比呈下降趋势。反映出各城市群的产业结构高级化程度正在提高。

从上述2008至2017年发展概况能够看出，十五个城市群在我国经济发展中影响力非常大，呈现出不断向好的发展趋势。同时折射出该十五个城市群在我国经济转型和绿色经济发展过程中所具有的重大意义。

3.1.4 基本空间结构概况

在对城市群空间结构进行测度与研究之前，有必要对城市群的基本空间结构发展情况加以了解。下文从城市群人口规模与密度、经济规模与密度两个方面，对城市群的基本空间结构概况加以概述。

3.1.4.1 城市群规模

本书从人口规模和经济规模两个方面来阐述与分析城市群规模，首先利用市辖区人口总数来表征城市群的人口规模，具体数据由城市群各内部城市的市辖区人口加总得到。我国主要城市群市辖区人口规模见表3-5。

从数据可以看出，我国主要城市群的人口规模均较大，绝大多数城市群的市辖区人口超过了千万人。其中人口规模最大的是长三角、成渝城市群，超过了5000万人；人口规模最小的是呼包鄂榆、兰州-西宁和山西中部城市群，没有达到1000万人。

表3-5　我国主要城市群市辖区人口规模（2008—2017年）

单位：万人

序号	城市群	2008	2009	2010	2011	2012	2013	2014	2015	2016	2017
1	京津冀	3206	3245	3299	3337	3375	3464	3637	4150	4513	4530
2	山西中部	487	493	494	495	498	500	503	499	502	517
3	呼包鄂榆	332	337	341	346	348	353	358	371	375	379
4	辽中南	1625	1636	1643	1656	1671	1678	1680	1682	1867	1985
5	哈长	1595	1630	1640	1640	1635	1633	1631	1773	1774	1778
6	长三角	5028	5189	5233	5385	5514	5891	6010	6176	6340	6527
7	海峡西岸	897	904	924	924	936	952	971	1072	1095	1190
8	长江中游	3142	3202	3196	3281	3296	3282	3354	3428	3459	3567
9	山东半岛	2711	2739	2764	2810	2912	2985	3134	3231	3367	3407
10	中原	1678	1701	1722	1749	1795	1793	1822	1820	1940	1947
11	珠三角	1974	2017	2057	2086	2121	2164	2205	2334	2405	2515
12	北部湾	1109	1155	1177	1195	1201	1215	1229	1291	1309	1325

续表

序号	城市群	2008	2009	2010	2011	2012	2013	2014	2015	2016	2017
13	成渝	3599	3629	3641	3930	3982	4027	4328	4624	5104	5153
14	关中平原	1367	1381	1390	1407	1410	1419	1418	1452	1466	1568
15	兰州-西宁	418	421	408	403	394	394	394	399	399	402

十年间，我国十五个城市群的人口规模普遍增长，其中京津冀、成渝、长三角和山东半岛城市群增长幅度较为明显，而兰州-西宁城市群的人口规模显现出了总体下降的变化趋势，具体表现为2008至2012年不断下降，2014至2017年稳步增加，说明随着地区一体化发展进程，城市群的吸引力在逐步增长，经济集聚程度有所增加。

本书用城市群GDP总量来表征其经济规模，具体数据由每个城市群内部城市的地区生产总值的加和得到，我国主要城市群经济规模见表3-6。从数据可以看出，我国城市群的经济规模较大，其中长三角、京津冀、长江中游和珠三角的最大，2017年均已超过了7万亿元以上，长三角更是达到了16万元亿以上。兰州-西宁和山西中部的经济规模较小，属于千亿级别。

表3-6 我国主要城市群经济规模（2008—2017年）

单位：亿元

序号	城市群	2008	2009	2010	2011	2012	2013	2014	2015	2016	2017
1	京津冀	33448	37060	41662	48524	57188	61439	67229	71626	75264	78546
2	山西中部	3287	3470	3883	4792	5875	6176	6216	6198	6390	7023
3	呼包鄂榆	5688	6788	8360	9935	12227	13322	13798	14661	14528	16516
4	辽中南	14336	16026	18053	21183	24738	27188	26860	27331	25933	21434
5	哈长	12339	14004	15479	18551	22025	24200	24573	25312	25482	25833
6	长三角	62446	70163	77429	91578	107946	115849	126934	136868	145145	161264

续表

序号	城市群	2008	2009	2010	2011	2012	2013	2014	2015	2016	2017
7	海峡西岸	10603	12314	13357	16629	19631	21796	24013	26163	27775	31180
8	长江中游	24185	28411	31914	39343	48539	54179	60184	66000	69994	75342
9	山东半岛	32157	35336	39423	44186	50656	55078	60377	64252	66633	73315
10	中原	13464	14801	16223	19430	22239	24309	26395	28386	30029	32344
11	珠三角	29746	32746	36740	41940	48183	52584	57238	62629	65676	73832
12	北部湾	6284	7281	7925	9358	11417	12688	14253	15373	16189	17731
13	成渝	16205	18707	22124	26981	33041	36730	40673	44744	47518	52174
14	关中平原	6557	7819	8489	10385	12611	14095	15665	16968	17138	18170
15	兰州-西宁	1618	1878	2034	2476	3069	3436	3834	4355	4355	4355

几乎所有城市群的经济规模都在十年间有所上升。其中上升趋势较为明显的有长三角、珠三角、京津冀、长江中游和山东半岛城市群，同时它们也同属总量较高，增速也较快的城市群。

15个城市群中，仅辽中南一个城市群在近年经济规模有所下降，人口规模与经济规模均下降的变化趋势与该城市群经济形势较差的现实相吻合。兰州-西宁、山西中部城市群则属于总量较小，增加较慢的城市群，但山西中部城市群的增速近年有所加大。

另外，从表3-7可以看出，我国主要城市群的第二、三产业经济规模较大，且在经济总量中占有较大比例。2008至2017年我国城市群的第二、三产业经济规模增幅较大，与经济规模数据的增加趋势较为一致，且增幅更为明显。

表3-7 我国主要城市群第二、三产业经济规模（2008—2017年）

单位：万亿元

序号	城市群	2008	2009	2010	2011	2012	2013	2014	2015	2016	2017
1	京津冀	3.34	3.71	4.17	4.85	5.72	6.14	6.72	7.16	7.53	7.85
2	山西中部	0.33	0.35	0.39	0.48	0.59	0.62	0.62	0.62	0.64	0.70
3	呼包鄂榆	0.57	0.68	0.84	0.99	1.22	1.33	1.38	1.47	1.45	1.65
4	辽中南	1.43	1.60	1.81	2.12	2.47	2.72	2.69	2.73	2.59	2.14
5	哈长	1.23	1.40	1.55	1.86	2.20	2.42	2.46	2.53	2.55	2.58
6	长三角	6.24	7.02	7.74	9.16	10.79	11.58	12.69	13.69	14.51	16.13
7	海峡西岸	1.06	1.23	1.34	1.66	1.96	2.18	2.40	2.62	2.78	3.12
8	长江中游	2.42	2.84	3.19	3.93	4.85	5.42	6.02	6.60	7.00	7.53
9	山东半岛	3.22	3.53	3.94	4.42	5.07	5.51	6.04	6.43	6.66	7.33
10	中原	1.35	1.48	1.62	1.94	2.22	2.43	2.64	2.84	3.00	3.23
11	珠三角	2.97	3.27	3.67	4.19	4.82	5.26	5.72	6.26	6.57	7.38
12	北部湾	0.63	0.73	0.79	0.94	1.14	1.27	1.43	1.54	1.62	1.77
13	成渝	1.62	1.87	2.21	2.70	3.30	3.67	4.07	4.47	4.75	5.22
14	关中平原	0.66	0.78	0.85	1.04	1.26	1.41	1.57	1.70	1.71	1.82
15	兰州-西宁	0.16	0.19	0.20	0.25	0.31	0.34	0.38	0.44	0.44	0.44

3.1.4.2 城市群密度

经济要素的密度一直是集聚经济学理论研究所关注的经济指标，一般用人口密度和经济密度加以衡量。

人口密度常以单位土地面积分布的人口数量表示，基于一切经济活动都基于人类活动而产生，该指标可在一定程度上反映人口在该地域的集聚程度。本书利用城市群市辖区人口总数在单位建成区土地面积上的分布人数来表示城市群人口密度。

如表3-8所示，2008至2017年，除了京津冀城市群小幅增长以外，中国主要城市群的人口密度普遍呈现出了下降的趋势。

表3-8 我国城市群人口密度（2008—2017年）

单位：亿人/平方公里

序号	城市群	2008	2009	2010	2011	2012	2013	2014	2015	2016	2017
1	京津冀	1.05	1.03	1.08	1.06	1.04	1.04	1.05	1.11	1.13	1.10
2	山西中部	1.34	1.32	1.29	1.10	1.07	1.04	1.01	0.94	0.94	0.93
3	呼包鄂榆	0.70	0.70	0.66	0.66	0.60	0.59	0.59	0.58	0.57	0.57
4	辽中南	1.15	1.12	1.01	1.00	0.97	0.98	0.96	0.95	0.87	1.00
5	哈长	1.20	1.19	1.09	1.09	1.02	0.99	0.91	1.05	0.98	0.97
6	长三角	1.16	1.17	1.12	1.08	1.05	1.06	1.04	1.02	1.01	1.00
7	海峡西岸	1.35	1.31	1.12	1.07	1.00	0.97	0.94	0.97	0.96	0.98
8	长江中游	1.40	1.39	1.25	1.25	1.15	1.06	1.05	1.07	1.05	1.01
9	山东半岛	1.25	1.21	1.13	1.10	1.05	0.99	0.96	0.94	0.93	0.90
10	中原	1.43	1.41	1.35	1.34	1.33	1.27	1.24	1.18	1.25	1.19
11	珠三角	0.78	0.62	0.79	0.60	0.76	0.75	0.59	0.58	0.59	0.60
12	北部湾	1.49	1.67	1.56	1.44	1.34	1.28	1.22	1.25	1.23	1.24
13	成渝	2.06	1.89	1.75	1.65	1.60	1.52	1.48	1.51	1.51	1.42
14	关中平原	1.84	2.05	1.72	1.81	1.57	1.47	1.46	1.41	1.35	1.30
15	兰州-西宁	1.30	1.29	1.20	1.15	1.11	1.05	1.00	0.80	0.80	0.78

我国主要城市群人口规模的不断扩大，而人口密度却多表现出下降趋

势。人口密度时序递减的主要原因是城市建成区面积的持续扩张，且其扩张速度大于城市群市辖区人口增长的速度。

京津冀城市群十年间的人口密度年均增幅约0.5%，其他各城市群之间在人口密度下降的程度上存在一定差异。降幅最大的是兰州-西宁、成渝城市群，降幅均大于4%；而降幅最小的则是辽中南城市群，仅约1.5%。我国城市群人口密度年均涨幅如图3-5所示。

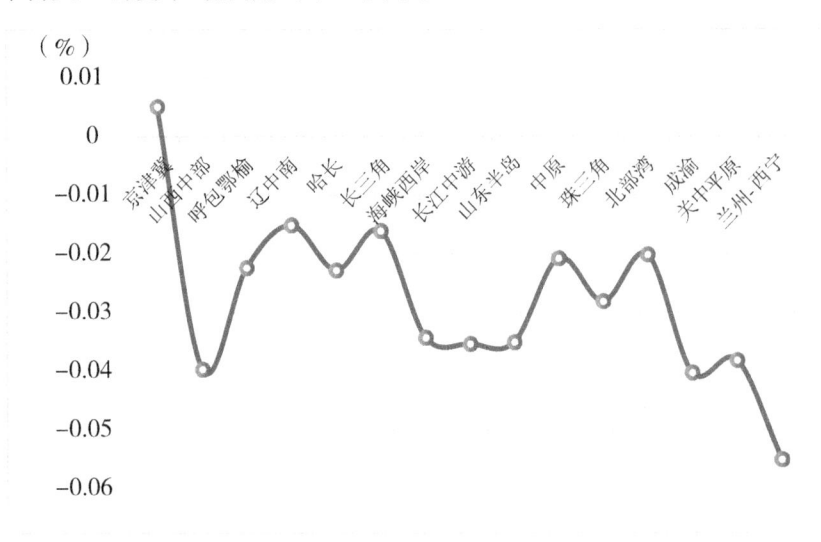

图3-5 我国城市群人口密度年均涨幅（2008—2017年）

另一个衡量经济要素密度的指标是经济密度。经济密度一般指某一区域内的地区生产总值在该区域的分布情况，即单位面积土地上创造的经济增加值，主要用以反映单位面积区域中经济要素的利用效率。本书以城市群年度GDP真实值与建成区土地面积的比值来测度城市群的经济要素密度。

在我国主要城市群中，2017年经济密度最高的依次为海峡西岸、呼包鄂榆、长三角、长江中游城市群，均达到了20亿元/平方公里。而同时经济密度最低的则为兰州-西宁城市群，不到10亿元/平方公里（2008—2017年我国城市群经济密度见表3-9）。

表3-9 2008—2017年我国城市群经济密度

单位：亿元/平方公里

序号	城市群	2008	2009	2010	2011	2012	2013	2014	2015	2016	2017
1	京津冀	10.952	11.764	13.682	15.359	17.645	18.483	19.313	19.182	18.917	19.055
2	山西中部	9.056	9.267	10.111	10.693	12.580	12.787	12.482	11.727	11.955	12.664
3	呼包鄂榆	11.974	14.096	16.264	19.062	21.008	22.240	22.883	23.059	22.141	24.843
4	辽中南	10.096	10.993	11.123	12.750	14.357	15.871	15.410	15.359	12.059	10.776
5	哈长	9.256	10.189	10.285	12.271	13.706	14.596	13.720	14.916	14.048	14.138
6	长三角	14.425	15.796	16.552	18.396	20.636	20.874	22.035	22.511	23.145	24.804
7	海峡西岸	15.920	17.875	16.151	19.202	21.018	22.218	23.291	23.719	24.262	25.790
8	长江中游	10.782	12.308	12.476	14.927	16.918	17.551	18.908	20.574	21.144	21.407
9	山东半岛	14.771	15.544	16.091	17.234	18.294	18.208	18.537	18.719	18.317	19.434
10	中原	11.498	12.227	12.714	14.931	16.523	17.192	17.919	18.436	19.346	19.712
11	珠三角	11.734	10.067	14.050	11.985	17.289	18.233	15.329	15.672	15.998	17.692
12	北部湾	8.458	10.509	10.525	11.277	12.699	13.314	14.140	14.931	15.264	16.631
13	成渝	9.281	9.721	10.601	11.303	13.301	13.887	13.863	14.595	14.078	14.416
14	关中平原	8.814	11.578	10.519	13.350	14.043	14.606	16.166	16.497	15.832	15.004
15	兰州-西宁	5.011	5.753	5.965	7.058	8.646	9.162	9.706	8.677	8.677	8.423

十年间除个别年份存在小幅波动外，城市群的经济密度整体经历了递增的变动过程，增幅有一定差距。大部分城市群的经济密度增幅都处在4%到7%之间，其中增幅最高的是呼包鄂榆、长江中游和北部湾城市群，年均增幅约8%，增幅最低的仍是辽中南城市群，与该群经济形势疲弱的事实较为符合，具体如图3-6所示。

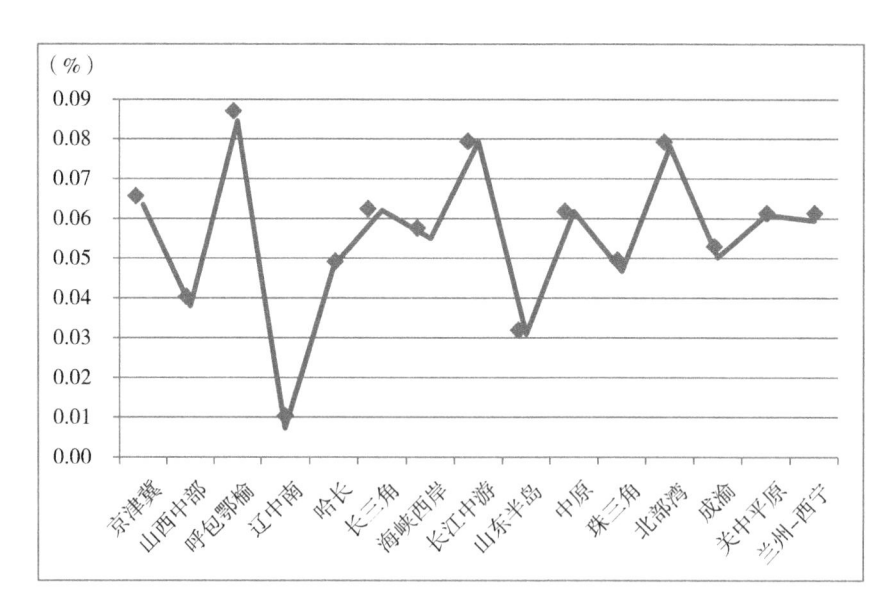

图3-6 2008—2017年我国城市群经济密度年均涨幅

3.1.5 经济联系概况

3.1.5.1 经济联系测度

本书拟利用综合引力模型测度我国城市群的经济联系强度，一方面可以用城市群的经济联系强度矩阵来计算经济网络集中度指标，以作为城市群集中度的代理变量；另一方面可以借此计算出城市网络中心度，以备本书后续使用。

为了利用社会网络分析方法测度城市群集中度和城市网络中心度，本书首先要建立以每个城市群内部城市为节点的城市群社会分析网络。而建立社会分析网络的前提和基础是得到城市群经济联系强度数据。本书拟利用综合引力模型测度城市群内部城市之间的综合经济引力，继而收集整理各内部城市之间的最短时间距离并形成矩阵，辅之以距离摩擦系数的设置，最后计算得到城市群经济联系强度矩阵。

社会网络分析法（SNA）是研究网络结构的一种重要方法，目前在城市群空间结构的分析方面得到了较为广泛的应用。它将城市视作节点，将城市间联系视作连线，利用图论的原理对社会经济范畴内的联系现象进行结构化研究。

城市间经济联系则是指不同城市或某一城市群内部在原材料、工农业产品、技术等方面资源的交换活动及其产生的经济联系。经济学学者们通常用经济联系强度来衡量区域间因经济活动而产生联系的紧密程度，它也能体现城市间的经济辐射能力与接受这种辐射的能力（王德忠和庄仁兴，1996）。

对于地区之间相互联系的关注始于地理学研究。德迥（E. D. Jong）曾将这种联系称之为"水平联系"，以便与地区内部各要素之间的联系（即"纵向联系"）加以区分（Richard Hartshorne，1959）。对这种水平联系加以研究对于洞察更大范围内的结构格局与优化地区联系组合至关重要（李春芬，1995）。随着现代社会城镇化与工业化的不断发展，某个城市或某几个城市的生存与发展已经不可能自给自足，单独割裂，而一定是与其他城市相互联系，相互依存的。这种城市间的联系，尤其是经济联系所表现出的日益紧密的趋势，恰恰是城市群诞生与发展的充分必要条件。自20世纪八九十年代至今，城市群发展迅速，取单一城市而代之成为大规模区域竞争的主体，其中许多城市甚至打破了行政区划分的束缚进行外向发展。正是在"增长极"反复的集聚与扩散效应的作用下，城市群内部城市之间的经济联系以前所未有的规模与速度向前发展，并呈现出网状化结构特征，对城市群内部城市间经济联系与城市群结构测度与优化的相关研究随之成为经济学研究的重要范畴之一（熊剑平等，2006）。

以量化的方式研究城市群内部城市之间的经济联系有助于我们分析城市群的经济结构，继而剖析与评价城市群的空间发展模式。

引力模型是测度城市间经济联系强度的重要方法（孙久文，罗标强，2016），该模型在经济学领域受到广泛运用的主要依据是经济效应的距离衰减原理。在国内外诸多利用引力模型进行城市间影响力研究的文献中，绝大部分学者均采用人口、经济规模、城市间物理距离等单因素变量对"城市规模"进行计算（Lowry，1966），这种方法有一定的改进空间。

首先，城市间的经济联系不仅由城市的规模而决定，城市间互动、影响的因素还包括基础设施、生活环境、开放程度等。本书将诸多经济因素所决定的一个城市对周边地区在经济方面的聚集、扩散等方面的能力定义为城市经济影响力。一个城市对其他城市的经济影响力取决且不完全取决于该城市的人口与经济规模，它需要所包含意义更广泛的变量进行衡量（魏后凯，朱焕焕，2015；郭卫东等，2018；朱小川等，2015；尹虹潘，2005）。

本书对此问题的解决办法是以经典城市经济学理论为出发点，以经典引力模型为基础，构建一个多维度的综合指标体系，从城市的扩散影响力、聚集影响力和流通条件这三个方面选择一些反映城市经济影响力的指标（见表3-10），通过时序全局主成分分析对其进行选择、优化与降维，最终得出所研究城市的有着多方面经济意义的城市经济影响力指标用来替代单变量城市影响力。

其次，两城间的物理距离不能准确反映出距离衰减效应（Ewing，1974；Haynes，1984；Isard，1998），也不能反映实际通行成本。两个城市在经济交往中的距离阻碍并不完全取决于物理直线距离，还由地理、气候、基础设施、交通工具等因素决定。而从一个城市到达另一城市的最短时间，则恰恰能够间接地反映上述地理、气候、基础设施、交通工具等因素对城市间通达性所造成的影响。

表3-10 城市经济影响力综合指标体系

一级指标	二级指标	三级指标	单位	代码
扩散影响力	经济扩散影响力	地区生产总值（Gross Regional Product）	万元	X1
		公共财政收入（Public Finance Income）	万元	X2
	科技扩散影响力	普通高等学校在校生人数（Number of Students Enrollment in Regular Institutions of Higher Education）	人	X3
		地方财政科学技术支出（Expenditure for Science and Technology）	万元	X4
聚集影响力	就业环境影响力	城镇单位、私营和个体从业人员期末总人数（Persons Employed in Urban Units, Private Enterprises and Self-Employed in Individuals in Urban Areas at Year-end）	万人	X5
		城镇登记失业人员数（Registered Unemployed Persons in Urban Areas）	人	X6
		在岗职工平均工资（Average Wage of Employed Staff and Workers）	元	X7

续表

一级指标	二级指标	三级指标	单位	代码
聚集影响力	生活保障影响力	普通中小学师生比（Teacher–Student Ratio of Regular Secondary Schools and Primary Schools）	—	X8
		医院、卫生院床位数（Number of Beds of Hospitals and Health Centers）	张	X9
	自然环境承载力	建成区绿化覆盖率Green（Covered Area as % of Completed Area）	%	X10
		供水总量（Water Resources）	万吨	X11
		城市生活垃圾无害化处理能力（Harmless Treatment Capacity）	吨/天	X12
流通条件	流通渠道	全年公共汽车客运总量（Total Annual Volume of Passengers Transported by Buses and Trolley Buses）	万人次	X13
		移动电话年末用户数（Number of Subscribers of Telephones at Year-end）	万户	X14
	流通资源	邮政业务收入（Revenue from Postal Services）	万元	X15
		社会消费品零售总额（Total Retail Sales of Consumer Goods and Basic Conditions）	万元	X16

参考苗洪亮和周惠、王圣云等的做法，本书用城市间"最短时间距离"将传统的城市间物理直线距离取而代之（苗洪亮，周惠，2017；王圣云等，2019）。通过对近年来全国客、货运量构成情况进行分析，本书得出了在我国客、货运中，公路运输方式占有绝对优势比例的结论，如图3-7所示。故本书的城市间最短时间距离指的是城市间公路运输最短时间距离。

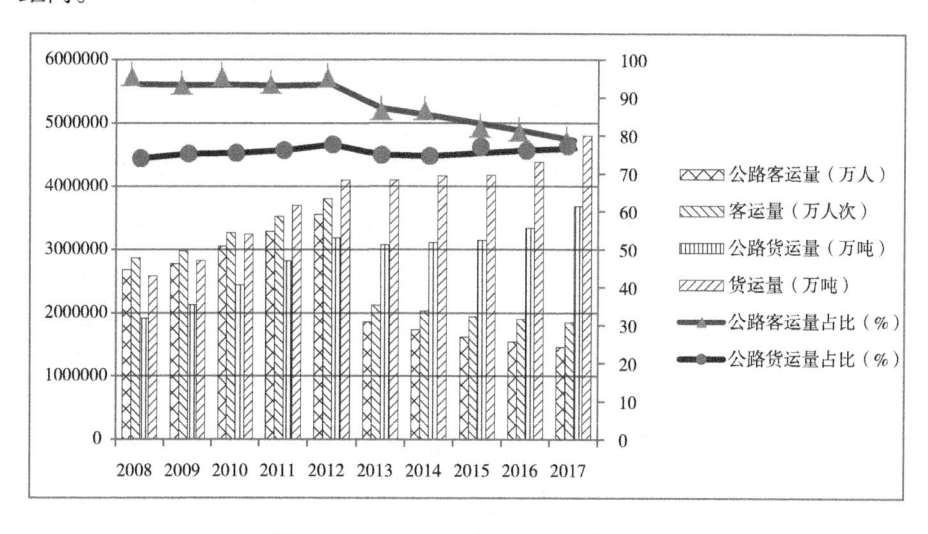

图3-7　2008—2017年我国客、货运量

具体计算方法是利用高德地图的内置数据与系统设置解决城市重心、实时交通状况等对城市间最短公路运输时间的影响，将高德地图查到的两城市间一周内公路通行时间进行比较，最短的即确定为两城市间公路运输最短时间。收集途经高速公路的开通时间数据对可通行路径加以逐年调整，最终得到我国主要城市群内部，两两城市间的平均最短时间距离矩阵。

最后，要测度城市间的经济联系强度，还要进行参数设定，主要包括城市间经济联系经验常数和距离摩擦系数的设定。

在城市间经济联系经验常数k_{ij}的设定方面，本书参考王欣（2006）的实证研究，利用城市 i 的总人口在 i、j 两城市总人口和的占比对其进行计算。具体公式如下。

$$K_{ij}=\frac{P_i}{P_i+P_j} \qquad (3-1)$$

其中，P_i、P_j分别是城市 i、j 的总人口。

距离摩擦系数 b 的取值表征距离的影响程度，数值越大则两地间距离的摩擦力越大。在不同 b 值下，城市间的引力作用范围不同（Ewing，1974；Olsson，1970）。一般认为，b 值越大，引力作用范围越广；b 值越小，引力作用的区域则越小。大部分学者直接将其取值为0.5到3之间。但是直接赋值的方法不能周全考虑空间分布形态与特征（齐梦溪等，2018；韩瑞波等，2018）。顾朝林和庞海峰（2008）通过检验发现，b 值取2时可以更为近似地揭示省区尺度城市体系的空间联系。此外，张荆荆（2014）将 b 的取值按照不同情况加以不同界定的做法也具有一定的合理性。他根据两城市之间是否为邻接关系与有误高速公路相连接的情况来衡量距离的摩擦力大小，将 b 的取值界定为 2.25 到 3 之间。本书在顾朝林和庞海峰（2008）、张荆荆（2014）的基础上，参考其他学者的做法，将 b 值进行如下设定：若两城市地理邻接，当它们之间由可通行的高速公路或国道等高等级公路连接，则 b 取值1.5，若无则 b 取值1.75；若两城市地理非邻接，当它们之间由可通行的高速公路或国道等高等级公路连接，则 b 取值2；若无则 b 取值2.25。

综上所述，本书将经济学理论与空间因素进行有机融合，利用改进后的综合引力模型来对城市群内城市之间的经济联系进行测度，需要将城市经济影响力代替惯常使用的人口、经济规模等单一城市质量变量，将城市间"最短时间距离"代替物理直线距离，试图使得研究结果更能准确地模拟现实。改进后的综合引力模型可以表达为：

$$P_{ij}=K_{ij}\frac{M_iM_j}{D_{ij}^b}=\frac{P_i}{P_i+P_j}\frac{M_iM_j}{D_{ij}^b} \tag{3-2}$$

式3-2中，P_{ij}为城市i、j间的经济联系强度；K_{ij}为经验常数，$K_{ij}=\frac{P_i}{P_i+P_j}$，$P_i$、$P_j$分别是城市i、j的总人口；$M_i$、$M_j$分别为城市i、j的城市经济影响力；$D_{ij}^b$为城市i、j间的最短时间距离；b表示城市间的距离摩擦系数。

本书不考虑城市与自身的经济联系。

3.1.5.2 测度结果及演变分析

如前文所述，测度城市群的网络情况，需要首先测度城市的经济影响力数据和最短时间距离矩阵，建立综合引力模型对城市群内部城市间的经济联系进行计算，之后利用社会网络分析方法对城市在城市群网络中的中心度加以测度。

首先，本研究测度了城市群内部城市的经济影响力数据。本书将城市群中每个年度所有内部城市的影响力相加，得到该城市群在这一年度的城市群影响力数据。

我国十五个城市群中影响力最大的当数长三角城市群，且该城市群与其他城市群的差距较大。长江中游凭借体量优势，与京津冀、山东半岛、成渝、珠三角和辽中南一起处于第二梯队，测度结果反映出了各个城市群的综合经济实力。大部分城市群的影响力都显示出逐渐增长的态势，仅辽中南自2013年起出现颓势。

在我国主要城市群影响力增长速度方面，从其2008至2017年的年均增长率数据可以看出，我国主要城市群影响力近十年的增速显现出了一定差距，呈现出除东北地区的两个城市群外，经济影响力较大的城市群增长率较低的趋势。

其次，对城市间最短时间距离的测度结果显示，从2008至2017年，每个城市群内部城市之间的通行便利度都得到了提升。

从2008至2017年我国各城市群内部城市的市均最短距离的数据，如图3-8所示。从图中可以看出，各个城市群在这一时间段的平均市均最短通勤时间都有所缩短，但每个城市群的缩短幅度不一样。城市群内部通勤状况改善最多的依次是海峡西岸、哈长、关中平原城市群，十年间改善幅度达到34%到45%。而山西中部和兰州-西宁城市群则基本没有改变。这主要取决于十年间这两个城市群的高等级公路的开通情况。

随着我国基础设施的不断升级，各等级公路及其周边设施的不断完善，我国主要城市群各城市之间的最短时间距离也不断下降，为城市间经济联系的加强奠定了坚实的硬件基础。

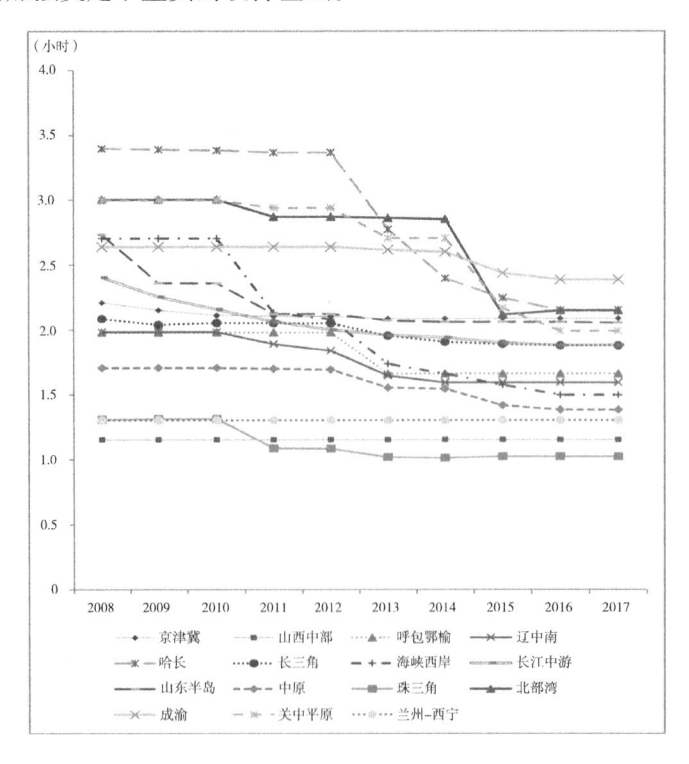

图3-8 我国城市群内部城市间市均最短时间距离（2008—2017年）

最后，将城市经济影响力、城市间最短时间距离、城市间经济联系经验常数和设定好的距离摩擦系数代入综合引力模型公式（3-2），将每个城市与自己的经济联系强度设为0，即可测度得出城市群内城市之间的经济联系强度。再将城市群中城市间经济联系强度加总可得城市群经济联系强度，具体数据如表3-11所示。城市间经济联系强度数值的大小直观地反映出区域内各城市的经济吸引力综合以及城市群内部城市相互联系的密切程度。

我国城市群的经济联系强度在2008至2017年间均有不同幅度的上升趋势，处于较大优势地位的城市群大约有六个，分别是长三角、珠三角、京津冀、长江中游、成渝与山东半岛。剩余城市群的经济联系强度差距不大，且增长速度一般。

表3-11 我国城市群经济联系强度（2008—2017年）

城市群	2008	2009	2010	2011	2012	2013	2014	2015	2016	2017
京津冀	6348	8068	10077	11219	13275	15730	17769	21089	22778	24910
山西中部	298	363	408	530	649	771	892	1061	1162	1507
呼包鄂榆	75	121	198	230	286	373	363	392	431	479
辽中南	1154	1486	1798	2206	2844	3775	4341	4368	4497	4374
哈长	512	645	849	977	1209	1638	2248	2588	2960	3330
长三角	19861	24719	30069	35414	42266	51152	59821	68161	76846	87664
海峡西岸	442	561	667	1244	1703	2144	2529	3050	3572	4221
长江中游	2490	3631	4890	6120	8258	10177	12357	15196	17802	21855
山东半岛	2314	3510	4397	5280	6469	7976	9095	10197	11360	12799
中原	739	977	1310	1696	2256	3027	3547	4839	5854	7023
珠三角	7439	9080	10778	16685	20021	25778	29628	34908	39460	45746

续表

北部湾	110	182	251	333	438	503	619	1126	1367	1531
成渝	974	1498	2255	2838	3992	5187	6040	9500	12927	15605
关中平原	661	926	1162	1586	2129	2623	3073	4033	5281	6256
兰州-西宁	32	48	65	89	66	116	207	255	326	387

其中经济联系强度最大，增速最快的是长三角城市群，其经济联系强度值几乎是位居第二的珠三角城市群的两倍，且它与其他城市群的差距有稳步拉大的趋势。这一方面说明了长三角、珠三角、京津冀的确是中国最有经济实力，规模与增幅最大的城市群，在全国乃至世界级的经济舞台上中都能够占有较强的竞争优势；另一方面说明我国的城市群发展差距依然较大，且近年来没有减小的趋势。

进一步分析，城市群中经济联系强度较大的全部位于东部、中东部地区，仅成渝城市群偏于西南，而经济强度偏小的城市群则更多地位于西部与东北地区，说明我国的地区经济差异仍有增大的趋势。但如果将优势城市群整体作为大型的增长极，发挥其扩散效应与辐射带动作用，对周边城市群乃至整个国家的长远发展仍然有利。

2008年之后的十年间，排在我国城市群经济联系强度年均增速最快的前三位城市群分别是成渝、北部湾和兰州-西宁城市群，成渝城市群的增长速度在2014年形成了一个拐点，斜率明显上升，说明该城市群近年来发展势头较猛，增速最快在情理之中，兰州-西宁城市群已在2008年之前通连了高速公路，十年间的交通辐射轴变化不大，其经济联系强度增长较快说明基础设施的完善与城市群政策的实施，的确起到了拉动发展的作用。但由于发展起点低，兰州-西宁城市群仍是经济联系强度最低的。同样出现增速拐点，但方向相反的城市群是东北的辽中南和哈长，这印证了该地区经济活力低下，人口外流严重的现实，如图3-9所示。经济联系强度体量较大的

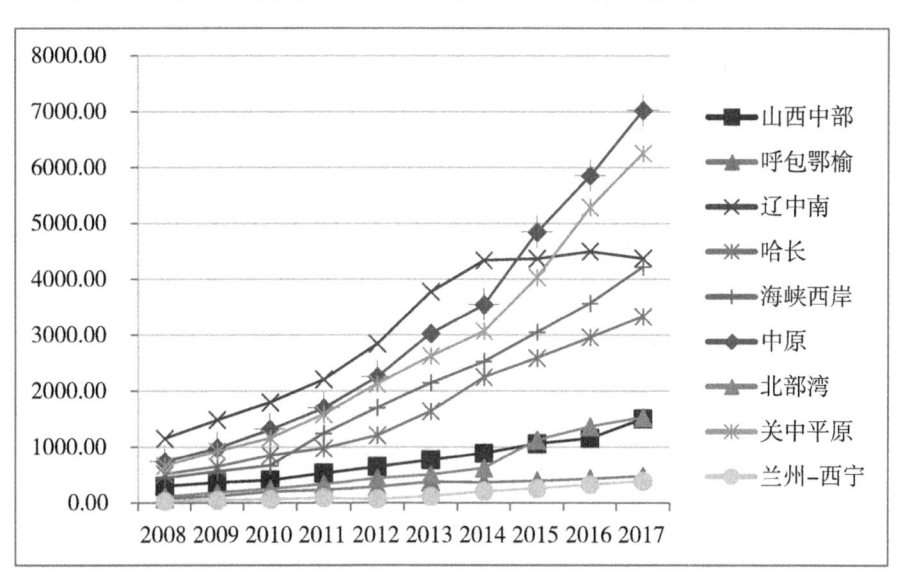

长三角、珠三角和京津冀城市群虽增速一般，但增量较大。

图3-9 我国部分城市群经济联系强度时序变化（2008—2017年）

从图3-10结合图3-9可以看出，从2008年到2017年，城市群经济联系强度的年均增速都不是很快，但增长数量较大。增速最快的是成渝城市群，达到了35%以上，而增速较慢的是辽中南城市群仅逾15%。

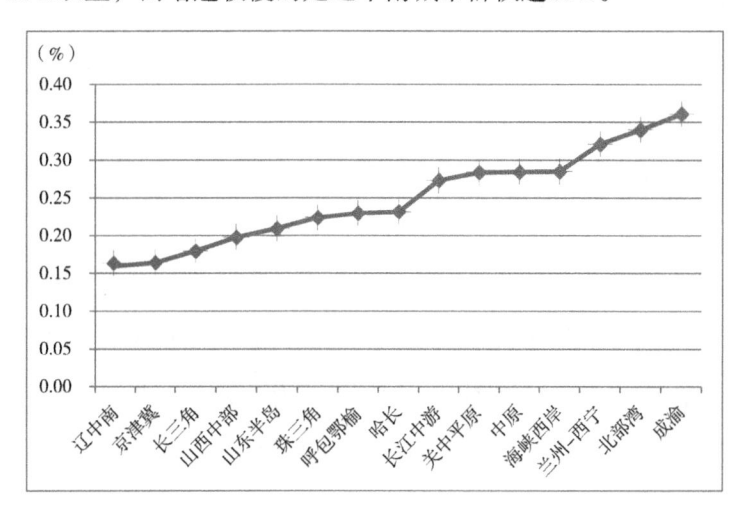

图3-10 我国城市群经济联系强度的年均增长率（2008—2017年）

3.1.6 发现与讨论

城市群对我国绿色经济的发展意义重大，我国十五个主要城市群以约四分之一的国土面积，承载了全国七成以上的人口与八成以上的生产总值。

我国城市群的经济发展持续向好。首先，十五个城市群的经济总量不断增加，占我国GDP的比例较为稳定地保持在80%以上。各城市群经济规模分布不均，且该分布格局十年间变化不大。长三角的经济规模最大且其与其他城市群差距有继续拉大的趋势。

其次，各个城市群的人口与经济规模普遍不断扩大，且大部分城市群增速较快。仅兰州-西宁城市群的人口规模有所下降，但于2017年有所回升，也仅有辽中南城市群的经济规模呈现下降趋势。从数量对比关系上来看，经济增长速度与人口与经济总量的大小关系不大。

再次，城市群产业结构更为优化合理。2017年我国十五个城市群的一、二、三产业规模均较2008年有了较大幅度增长，第三产业规模增长最为显著。除海峡西岸、长江中游和中原城市群呈现"二三一"格局外，绝大多数城市群产业结构都呈现出"三二一"格局。产业结构在各城市群内部城市的分布也较为均衡。各城市群一、二、三产业产值都表现出不断向中心城市集中的趋势。

从经济总量、增长速度和产业结构等方面考察，各大城市群发展虽不十分平衡，但均呈现出明显的不断向好发展趋势。

在2008至2017年间，我国主要城市群中，绝大部分城市群的影响力都有所增加，增速显现出了一定差距，一般经济影响力较大的城市群增长率较低；城市群内部城市之间的通行便利度均有所提升；我国城市群的经济联系强度全部呈上升趋势，虽年均增速不是很快，但增长数量较大。

3.2 城市群空间结构的测度方法

如理论部分所述,本书中城市群空间结构主要指其内部城市之间人口与经济活动的空间集中分布特征,是人们的居住地和经济活动在空间中的分布情况,是长期经济活动与公共政策等条件共同作用的结果。根据城市空间结构理论的回顾,学者们常常从规模维度、中心度、集聚程度、首位度、分散度、城市基尼系数、位序分布规律和空间相互作用等方面对于城市群空间结构特征加以表征与测度（Tsai,2005；Lee,2007；Meijer和Burger,2010）经济活动在城市群空间的分布特点。根据城市网络理论的观点,城市群是由城市节点和城市间联系构成的网络,城市间的经济关联与相互作用在空间上呈现出的结构特征反映了城市群的基本经济属性,同样是城市群经济绩效的影响因素（Meijer,2010；张浩然和衣保中,2012；李佳洺等,2014）,于是城市群网络的经济联系强度、网络密度、城市网络中心度等也成为城市群空间结构的衡量指标,但是鲜有学者将这些网络指标纳入计量模型进行分析。

按照经济集聚所处中心城市的规模与职能,城市群空间结构可分为单中心结构城市群和多中心结构城市群。二者从实质上来说,是集聚经济和集聚不经济不断作用之下的结果和反映。单中心城市群是指以一个大城市为经济集聚的核心,周边若干中小城市与其紧密联系组成的城市空间组织。这种城市群的中心城市规模与功能非常突出,在城市群中居于主导地位；城市体系中等级层次明显,外围城市与中心城市经济实力差距较大。多中心城市群则有多个经济集聚的核心城市,核心城市之间、核心城市与周边中小城市之间联系紧密。这种城市群的几个中心城市规模较为接近,外围城市与中心城市之间较为接近,一般被认为更容易获得中心城市的辐射效应。

本书从我国十五个城市群的人口和经济密度特征入手，着重测度城市群空间结构的中心度，另外还对城市群的网络特征，尤其是网络经济联系强度与其中城市的网络中心度进行了测度和分析。

3.2.1 城市群中心度的测度

本书主要采用两种方法对城市群中心度进行测度，首先借鉴Meijer和Burger（2010）的做法，利用位序—规模法则进行测度；其次，将许多学者都在研究中使用过的首位度指标作为衡量城市群中心度的又一个依据。用两种方法测度的目的不仅在于可以将二者的测度结果进行对比分析，还可以为后续研究准备替换变量。

3.2.1.1 单中心指数的测度

位序—规模法则描述的是区域内所有城市按人口规模排序后，城市的位序与该城市规模之间的对应关系。它最早由Auebrach（1913）在对欧美国家的城市规模及其分布特征进行分析时提出。后经Zipf（1949）在研究过程中证明，当城市数量足够多，该分布在坐标轴上将显示出直线，于是又被称为Zipf法则。

位序—规模法则以城市的规模与等级符合帕累托分布这一被多次验证的事实为基础，利用帕累托指数衡量城市体系的中心度特征。这一法则被较多城市空间结构研究者所推崇。以方程的形式将该法则阐述如下：

$$\ln P_{i,t} = \ln A - \alpha_t \ln R_{i,t} + \mu_{i,t} \quad (3-3)$$

式（3-3）表示在时间t，城市i的位序（即排名）$R_{i,t}$的自然对数是该市人口规模$P_{i,t}$的自然对数的函数。其中lnA是常数，$\mu_{i,t}$是误差项，α_t是拟合系数。若该城市数据能够较好地拟合方程，帕累托定律成立。α_t的绝对值即为所需测度的中心度指标，该指标反映了城市群人口和经济分布的集中程度，该指标的值越大，位序—规模曲线斜率越陡，说明该城市群的人口与经济分布的单中心程度越高；该指标越小，则说明城市群的人口与经济集聚分布越偏向于多中心。一般认为，中心度大于1，说明城市群空间结构更趋向于经济集聚的单中心分布；而若是小于1，则说明城市群空间结构更趋向于单中心为特点的集聚分布模式。

为使测度的结果在不同城市群之间具有可比性，本书在计算中心度指标时，仍然依照Meijer和Burger（2010）的做法，将城市群内部排名前二、前三及前四位的城市分别对式（3-3）进行回归，再将这三个回归得到的结果取平均值，最终得到该城市群的中心度指标。

不同学者在研究时利用不同的数据对城市群的中心度指标进行测度，得出了不同的城市群中心度研究结果，例如孙斌栋等（2019）利用常住人口进行测度，而苗洪亮等（2016）则使用市辖区人口进行测度。本书分别使用市辖区人口和常住人口两种数据来测度城市群的中心度指标，再并将测度结果加以分析比较，选择与现实情况更为符合的方法进行后续的实证研究，力求在一定程度上提高研究结果的可信度。

3.2.1.2 首位度的测度

城市首位度最初由Jefferson（1939）提出。在对51个国家的经济规模进行分析的过程中，他总结出了当时这些国家内部城市分布的规律，即规模居于首位的城市总要比第二位城市大得多。城市首位度运用到城市群空间结构的分析中，逐渐成为衡量城市群等级规模分布状况的一种常用指标。一般而言，城市首位度较高意味着该城市群的经济集聚主要集中在单一中心城市中，城市首位度较小则意味着城市群的经济集聚分布在几个不同的城市。也就是说城市首位度较大，城市群偏向于单中心空间结构，而该指标较小，则说明城市群更偏向于多中心的空间结构。

城市首位度的测度方法有多个，运用较多的有二城市、四城市和十一城市首位度法。例如二城市首位度的测度方法是用人口排名第一城市的人口数量除以排名第二城市的人口数量。本研究主要使用的首位度测度方法是四城市首位度法。公式如下：

$$S_4=P_1/(P_2+P_3+P_4) \tag{3-4}$$

式（3-4）中，P_1至P_4依次代表城市群内人口规模排名前四位城市的人口，S_4代表四城市首位度。如果该指标介于0到1之间，一般认为城市群首位城市的优势不是十分明显，更偏向于多中心分布；如果该指标大于1，则认为首位城市优势相对明显，城市群等级规模结构显现，更偏向于单中心分布。

3.2.2 城市群集中度的测度

城市群集中度是经济要素与经济活动在城市群中集聚程度的空间结构变量，能够表征城市群中经济要素与经济活动向其中心城市集聚的程度。本研究利用城市群网络集中度作为城市群集中度的代理变量，具体数值通过城市群经济网络的相对度数中心势指数（C_{RD}）测度得到。某一城市群的相对度数中心势指数越高，说明该城市群的网络联系越倾向于向其中心城市集聚。

由前文3.1.5部分的分析可知，经济要素与经济活动越向某一城市集中，其经济联系强度就越大，在以城市作为节点的城市群网络中，该城市所占据的经济联系就更多。

在整体网络分析中，点的度数中心度用来衡量一个节点所占有的联系数，这个指标越大，说明这个点在网络中占据的经济联系就更多。为了在规模不同的网络间对度数中心度指标进行比较，弗里曼（Freeman，1979）提出了相对度数中心度的概念，即将点度中心度按照网络规模进行标准化

第 3 章　我国城市群空间结构的测度及演变分析

后测得的值。而图的度数中心势是在点的度数中心度基础上，对整个网络的联系分布差异进行测度的指标，即网络中的其他节点向中心节点倾斜的趋势。

将该概念应用到城市群中，可以理解为城市群网络的度数中心势是在计算与比较城市节点经济联系的基础上，对整个城市群网络节点城市的经济联系向中心节点城市倾斜的趋势，说明了城市群经济联系的聚集程度，代表了城市群中经济要素与经济活动向中心城市集聚的程度。

具体计算方法如公式如下：

$$C_{AD} = \frac{\sum_{i=1}^{n}(C_{ADmax}-C_{ADi})}{\max[\sum_{i=1}^{n}(C_{ADmax}-C_{ADi})]} \quad (3-5)$$

其中，C_{AD} 表示点的绝对中心度，C_{ADmax} 是点的绝对中心度的最大值，C_{ADi} 是第 i 个点的绝对中心度。

同样，按照弗里曼的思想，为了在不同规模的城市群之间作比较，将图的度数中心势进行标准化，就得了相对度数中心势指数。图的相对度数中心势指数（CRD）的计算方法用公式表达为：

$$C_{RD} = \frac{\sum_{i=1}^{n}(C_{RDmax}-C_{RDi})}{n-2} \quad (3-6)$$

其中，C_{RDmax} 是点的相对中心度的最大值，C_{RDi} 是第 i 个点的相对中心度，C_{RD} 表示图的相对度数中心势指数，即集聚度的测度指标。

3.3 城市群空间结构的测度结果及演变分析

3.3.1 城市群中心度测度结果及演变分析

3.3.1.1 单中心指数的测度结果及演变分析

首先，测度单中心指数即是测度城市群中的经济集聚分布情况，城市的经济集聚主要位于市辖区，所以本书先以市辖区人口代入位序—规模法则公式，通过计算其中城市位序-规模分布拟合线的斜率进行测度，以表征该城市群的中心度空间结构特征。城市群单中心指数的数值越大，说明该城市群的单中心特征越明显。

从测度结果可以看出，2017年，在我国十五个城市群中，中心度指数大于1的单中心城市群有五个，较2016年减少了一个长三角城市群。单中心程度最高的五个城市群依次是成渝、关中平原、山西中部、兰州-西宁和中原城市群，中心度指数依次达到了1.96、1.88、1.29、1.16和1.10；剩余十个城市群的中心指数均小于1。

由此可见，在我国主要的十五个城市群中，单中心城市群不多，大部分都属于多中心城市群。

中心度指数小于0.7的城市群由低到高依次是山东半岛、海峡西岸、北部湾、长江中游和珠三角，中心度指数值分别达到了0.18、0.31、0.63、0.65和0.67。由此可见，位于我国东部的城市群中，多中心结构较多；而北部和西部城市群则更为偏向单中心结构。

偏向单中心空间结构的城市群中，既有发育较为成熟的长三角城市群，又有竞争力较弱的山西中部和兰州-西宁城市群；偏向多中心空间结构的城市群中，也同样既有竞争力较强的珠三角城市群，又有竞争实力较弱的北部湾城市群。可见2008至2017年我国十五个城市群的发育程度与中心度指数的高低尚看不出直接关联，详情见表3-12。

表3-12 我国城市群中心度指数（市辖区人口）（2008—2017年）

序号	城市群	2008	2009	2010	2011	2012	2013	2014	2015	2016	2017
1	京津冀	0.82	0.83	0.83	0.84	0.86	0.86	0.86	0.82	0.80	0.79
2	山西中部	1.41	1.41	1.40	1.39	1.39	1.38	1.38	1.38	1.38	1.29
3	呼包鄂榆	0.79	0.77	0.76	0.75	0.75	0.74	0.73	0.77	0.75	0.73
4	辽中南	0.96	0.96	0.96	0.96	0.96	0.97	0.97	0.98	0.95	0.92
5	哈长	0.75	0.70	0.70	0.69	0.70	0.71	0.70	0.77	0.77	0.78
6	长三角	1.17	1.17	1.17	1.17	1.12	1.04	0.98	0.97	1.01	0.95
7	海峡西岸	0.26	0.26	0.27	0.26	0.25	0.25	0.25	0.24	0.22	0.31
8	长江中游	0.73	0.73	0.75	0.73	0.72	0.72	0.71	0.68	0.67	0.65
9	山东半岛	0.29	0.28	0.28	0.26	0.18	0.18	0.18	0.17	0.18	0.18
10	中原	1.18	1.17	1.15	1.15	1.09	1.10	1.11	1.10	1.10	1.10
11	珠三角	0.90	0.88	0.87	0.86	0.84	0.82	0.80	0.78	0.74	0.67
12	北部湾	0.65	0.59	0.59	0.58	0.57	0.59	0.60	0.62	0.62	0.63
13	成渝	1.73	1.72	1.71	1.84	1.84	1.83	1.87	1.88	1.97	1.96
14	关中中原	1.56	1.56	1.54	1.55	1.55	1.56	1.59	1.65	1.66	1.88
15	兰州-西宁	1.12	1.11	1.16	1.18	1.20	1.19	1.18	1.18	1.17	1.16

图3-11可以更为直观地发现我国十五个城市群的中心度指数演变情况。单中心程度较高的成渝和关中平原城市群的中心度指数还在分别以0.014%和0.021%的年均增速继续增高，主要是因为这两个城市群中的重庆市和西安市近年来发展速度加快，在城市群中的中心位置更为稳固。兰州-西宁、哈长和海峡西岸城市群也在向单中心的方向发展，但与前两者不同

的是，海峡西岸城市群的多中心程度较高，这一趋势在短期内无法使其多中心空间结构发生改变。

此外，我国十五个城市群中，有十个城市群的中心度指数在十年间都有所下降，但下降速度非常缓慢，年均降幅在0.004%到0.052%之间。这些向着多中心空间结构发展的城市群中，大多数都位于中、东部地区。反映出了我国城市群总体在逐渐向多中心结构发展的趋势。

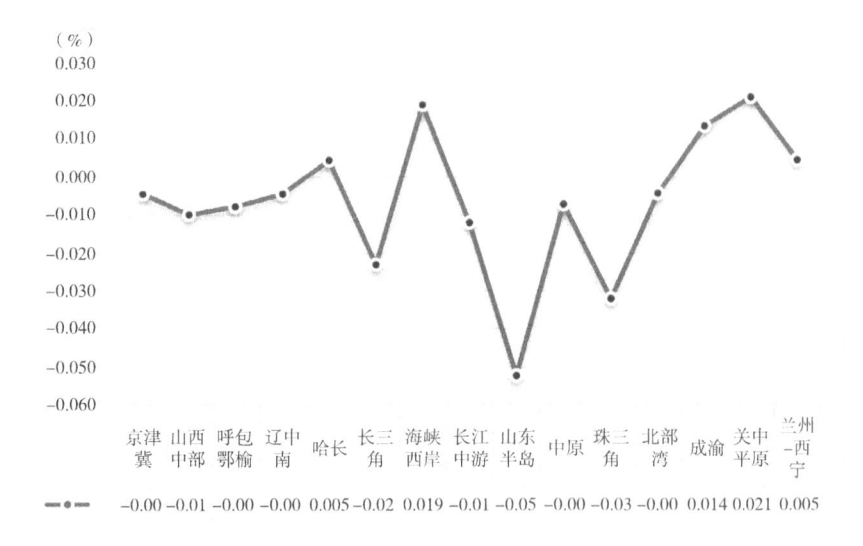

城市群	京津冀	山西中部	呼包鄂榆	辽中南	哈长	长三角	海峡西岸	长江中游	山东半岛	中原	珠三角	北部湾	成渝	关中平原	兰州-西宁
年均涨幅	−0.00	−0.01	−0.00	−0.00	0.005	−0.02	0.019	−0.01	−0.05	−0.00	−0.03	−0.00	0.014	0.021	0.005

图3-11 我国城市群中心度指数年均涨幅（市辖区人口）（2008—2017年）

其次，由于常住人口较能体现出一个城市作为整体的经济影响力和集聚能力，所以本书又基于我国十五个城市群常住人口规模数据测度城市群的单中心指数。

从表3-13所示的单中心指数测度结果可以看出，我国城市群大多数介于单中心和多中心之间，但是在程度上彼此存在一定差异。属于单中心的城市群只有成渝，同时，长三角也偏向单中心空间结构。

其余城市群中，2017年的中心度指数从高到低依次是关中平原、哈长、辽中南、京津冀、兰州-西宁、长江中游、海峡西岸、珠三角、中原、山西中部、呼包鄂榆、山东半岛和北部湾城市群。

表3-13 我国城市群中心度指数（常住人口）（2008—2017年）

	2008	2009	2010	2011	2012	2013	2014	2015	2016	2017
京津冀	0.49	0.51	0.52	0.54	0.57	0.57	0.57	0.56	0.55	0.51
山西中部	0.10	0.10	0.21	0.21	0.21	0.21	0.21	0.21	0.21	0.22
呼包鄂榆	0.35	0.33	0.26	0.24	0.23	0.22	0.22	0.21	0.20	0.20
辽中南	0.50	0.58	0.56	0.52	0.57	0.57	0.57	0.57	0.57	0.57
哈长	0.46	0.46	0.45	0.45	0.46	0.48	0.47	0.44	0.44	0.59
长三角	0.98	0.99	0.94	0.96	0.97	0.98	0.98	0.97	0.96	0.95
海峡西岸	0.42	0.42	0.41	0.41	0.41	0.40	0.40	0.40	0.40	0.39
长江中游	0.31	0.32	0.35	0.37	0.37	0.38	0.38	0.40	0.40	0.40
山东半岛	0.14	0.14	0.14	0.13	0.13	0.13	0.13	0.13	0.13	0.14
中原	0.11	0.11	0.14	0.13	0.15	0.17	0.19	0.21	0.22	0.24
珠三角	0.32	0.34	0.36	0.36	0.36	0.36	0.37	0.37	0.39	0.39
北部湾	0.10	0.11	0.14	0.12	0.13	0.13	0.13	0.13	0.12	0.11
成渝	1.25	1.25	1.22	1.23	1.23	1.24	1.24	1.24	1.20	1.20
关中平原	0.49	0.52	0.52	0.52	0.52	0.52	0.52	0.53	0.54	0.64
兰州-西宁	0.33	0.33	0.46	0.46	0.45	0.45	0.45	0.45	0.45	0.45

我国主要城市群的常住人口单中心指数存在较大差异。整体而言，单中心指数较高的是成渝城市群和长三角城市群，单中心特征较为明显。其余城市群之间差异不是很大，辽中南、兰州-西宁、山西中部、关中平原、哈长城市群的单中心指数在2008至2010年、2016至2017年分别表现出

一定的波动。

从2008年到2017年，我国城市群中有6个是从单极化向着多中心空间结构发展的，分别为呼包鄂榆、长三角、海峡西岸、山东半岛、中原和成渝城市群。剩余的9个城市群均向着更为单中心的结构发展，说明大多数城市群还在经历一个向单中心城市集聚的过程。

对比可知，分别利用市辖区人口和常住人口测度得出的城市群中心度结论存在一定差异。原因可能是与城市群集聚分布更为相关的主要是第二、三产业，而非农业，市辖区人口中，从事第二、三产业的比例较市辖区以外人口更大。

对使用市辖区人口和常住人口分别计算的城市群单中心指数进行进一步分析时可以发现，城市市辖区人口得出的我国十五个城市群的中心度结构与现实更为贴近。考虑到城市群中的人口与经济集聚主要集中在城市的市辖区范围中，而各城市的常住人口在市辖区与城市外围的分布比例各不相同，故此，本书主要以市辖区人口测度的中心度指数作为依据，得出我国十五个城市群中心度空间结构现状及演变特征的结论。

3.3.1.2 城市首位度的测度结果及演变分析

将市辖区人口代入四城市首位度公式（3-4），对城市群的四城市首位度进行测度，对城市首位度进行测度，测度结果表3-14所示。

2017年，关中平原、成渝、山西中部、兰州-西宁城市群首位度超过了1，同时，这四个城市群的十年首位度均值也都超过了1，分别为1.63、1.95、1.53和1.06。这显示出该四个城市群内部城市之间规模差异较大，偏向于单中心的城市群空间结构。

表3-14 我国城市群四城市首位度（2008—2017年）

序号	城市群	2008	2009	2010	2011	2012	2013	2014	2015	2016	2017
1	京津冀	0.74	0.74	0.76	0.80	0.84	0.89	0.87	0.87	0.86	0.86
2	山西中部	1.41	1.54	1.54	1.53	1.52	1.53	1.55	1.57	1.58	1.57
3	呼包鄂榆	0.70	0.71	0.72	0.70	0.71	0.72	0.71	0.72	0.73	0.73
4	辽中南	0.83	0.85	0.89	0.88	0.88	0.88	0.87	0.87	0.87	0.87
5	哈长	0.73	0.73	0.73	0.69	0.69	0.69	0.69	0.69	0.69	0.72
6	长三角	0.88	0.93	0.90	0.91	0.96	1.02	1.09	1.10	1.10	1.10
7	海峡西岸	0.48	0.44	0.45	0.45	0.45	0.45	0.45	0.46	0.46	0.46
8	长江中游	0.65	0.66	0.67	0.68	0.68	0.68	0.69	0.77	0.75	0.74
9	山东半岛	0.41	0.48	0.47	0.48	0.48	0.48	0.38	0.39	0.40	0.40
10	中原	0.98	0.98	0.98	0.98	0.97	0.96	1.01	1.01	1.03	1.04
11	珠三角	0.68	0.72	0.75	0.76	0.78	0.80	0.81	0.82	0.83	0.84
12	北部湾	0.62	0.61	0.61	0.60	0.60	0.59	0.59	0.60	0.60	0.64
13	成渝	2.07	2.13	1.99	2.03	1.96	1.98	1.99	1.76	1.78	1.80
14	关中平原	2.10	1.70	1.68	1.59	1.54	1.53	1.53	1.52	1.54	1.54
15	兰州-西宁	1.06	1.07	1.07	1.08	1.09	1.10	1.08	1.06	1.00	1.01

2017年首位度均未达到0.7的城市群有山东半岛、海峡西岸、北部湾，且十年的首位度在十五个城市群中也排在末尾，反映出这三个城市群内部城市之间规模差异比较小，更偏向于多中心的空间结构。其他城市群仍大多介于单中心与多中心之间，在程度上表现出了一定差异。

从图3-12能够看出各城市群在该指标上的演变情况。十年间首位度整体呈下降趋势的城市群有京津冀、山西中部、呼包鄂榆、辽中南、长三角和北部湾，首位度有所上升的有海峡西岸、长江中游、山东半岛、中原、成渝、关中平原和兰州-西宁城市群，哈长和珠三角城市群几乎没有变化。2017年首位度超过1的城市群较2008年的数量有所降低，即单中心城市群在逐渐减少。

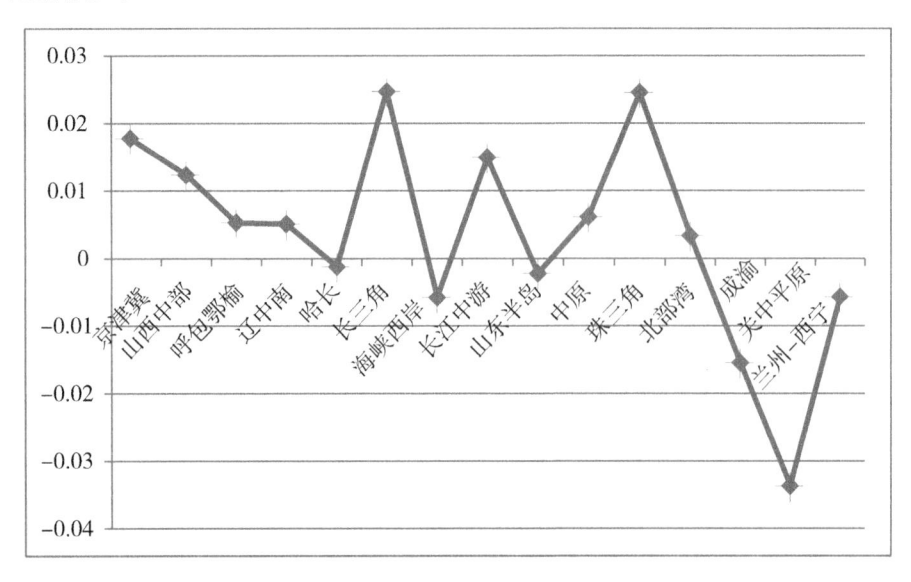

图3-12 我国城市群四城市首位度年均涨幅（2008—2017年）

从以上测度结果不难看出，通过单中心指数和城市首位度所得出的城市群中心度结论不尽相同。利用城市首位度识别出了更多的单中心结构城市群，且一些城市群呈现出了向单极化发展的趋势。但是从整体上看，这两个指标的数值在一定程度上存在着某种比例关系。另外，基于两种测度方法的原理，单中心指数测度的是城市群的整体情况，而首位度测度的则是城市群中几个最大城市的情况；且单中心指数的测度结果与其他学者的测度结果以及我国城市群的实际情况符合程度更高。所以本书将单中心指数的测度结果作为首要的分析依据。

3.3.2 集中度的测度结果及演变分析

集中度反映出城市群的经济活动是更多地集中在某几个城市节点,还是以更为平面的形式铺散在整个城市群中。本书利用城市群网络集中度作为集中度的代理变量,测度经济要素与经济活动在城市群中的集聚分布情况,测度结果如表3-15所示。

表3-15 我国城市群集中度(2008—2017年)

序号	城市群	2008	2009	2010	2011	2012	2013	2014	2015	2016	2017
1	京津冀	23.79	24.60	24.48	24.48	24.16	24.24	23.87	22.76	22.15	22.26
2	山西中部	35.83	37.94	38.52	37.42	38.64	38.10	37.66	37.11	36.90	36.52
3	呼包鄂榆	34.54	38.76	43.55	45.00	45.96	42.05	37.94	37.29	37.98	37.82
4	辽中南	29.92	30.11	31.39	27.91	25.85	28.22	28.66	29.99	29.59	29.48
5	哈长	27.29	26.33	22.57	24.62	24.36	22.51	22.57	22.09	22.34	24.87
6	长三角	19.26	19.71	21.56	21.41	20.63	21.30	21.57	22.24	21.96	22.30
7	海峡西岸	17.16	17.08	18.18	23.05	22.79	24.39	23.88	23.85	23.14	23.57
8	长江中游	12.14	14.90	15.04	16.49	17.31	18.57	18.23	20.45	19.17	17.15
9	山东半岛	13.39	13.62	12.37	12.99	12.96	12.41	12.22	12.56	12.94	13.16
10	中原	38.27	38.22	38.99	40.27	39.13	38.94	34.74	39.03	42.51	45.03
11	珠三角	30.32	32.50	33.36	31.56	32.05	31.92	30.37	32.05	32.52	33.59
12	北部湾	16.33	19.79	20.53	18.55	18.11	18.04	16.15	26.60	25.89	22.99
13	成渝	23.01	16.34	18.45	19.46	22.13	22.66	23.83	26.48	22.69	22.91
14	关中平原	17.15	18.92	19.72	24.63	24.85	23.75	23.54	24.44	24.62	24.27
15	兰州-西宁	60.51	59.05	55.83	50.44	49.40	47.31	46.92	47.42	47.66	48.10

我国主要城市群的集中度均值从2008年的26.59上升为2017年的28.27，说明城市群整体而言，集中度有所提高。

2017年，在我国主要的十五个城市群中，经济要素与经济活动集聚程度较高的有兰州-西宁、中原、呼包鄂榆、山西中部、珠三角、辽中南，集中度都超过了均值。集中度较高，可能是因为城市群发展不够均衡，等级梯度不够完备，其经济要素与活动在一个或少数的几个中心城市高度集聚，而其他城市节点与其差距过大。

山东半岛、长江中游、京津冀、长三角和成渝的经济要素分布较为均匀，分散程度较高。这些城市群有的占据地理优势和气候优势，整体发展趋向均衡，例如山东半岛。有的属于中心城市虽占据经济集聚的核心，却与另一个中心城市分别占据地理要冲的，例如京津冀。有的是跨省市城市群，存在行政壁垒，且各省之间发展差距不是非常大，例如长江中游和成渝。还有的由于中心城市扩散效应非常强大，带动整个地区向好发展，在总量较大的情况下存在较多经济实力较强又势均力敌的集聚城市，例如长三角。其中山东半岛和长江中游城市群的集聚程度过低，难以满足打造强力增长极的需要。这些低集中度城市群中，基本上不存在单纯因为该城市群没有较有力增长极的情况。

对比2008年与2017年的数据，可以看出多数城市群的集中度指标数值有所增加，仅6个城市群的集中度指标数值下降。说明大部分城市群的经济要素与经济活动是越来越向着中心城市集中的。

从变动趋势的角度分析，我国城市群经历了明显从集聚向扩散发展趋势的有兰州-西宁、哈长、京津冀。原本集聚程度过高的兰州-西宁城市群变动幅度较大，使得十五个城市群集中度的总体调整幅度并不是很大。

另外值得注意的是，集聚程度降低的城市群多属于跨省城市群，从一个侧面反映出由于行政壁垒的存在，跨省城市群的经济要素比较难以集

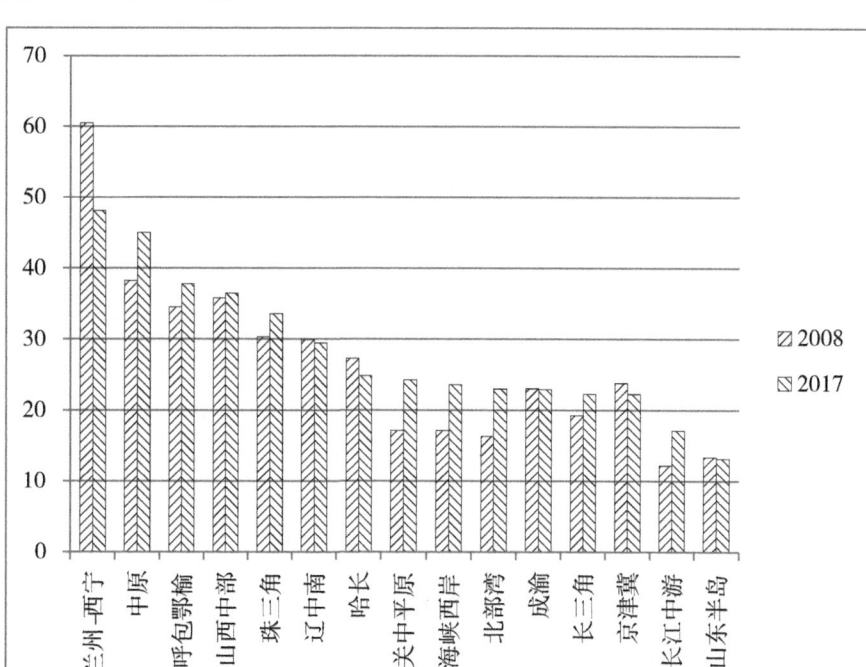

聚，具体如图3-13所示。

图3-13 我国城市群集聚度对比（2008、2017年）

3.3.3 发现与讨论

首先，根据本章的分析与阐述，可依据集中度和中心度的高低，将城市群分为高集聚—多中心、高集聚—单中心、低集聚—多中心、低集聚—单中心四类。按照中心度指标的测定标准，单中心指数大于1的属于单中心城市群，小于1的属于多中心城市群；将集中度高于均值的城市群纳入高集聚的范围，集中度低于均值的城市群纳入低集聚的范围，将城市群进行归类，具体如图3-14所示。

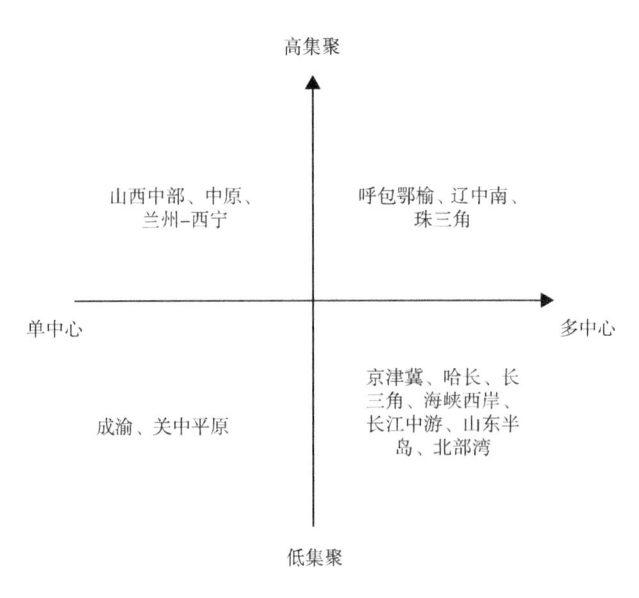

```
                              高集聚
                                ↑
                                |
        山西中部、中原、          呼包鄂榆、辽中南、
        兰州-西宁                珠三角
                                |
                                |
   单中心 ─────────────────────────────────────→ 多中心
                                |
                                |
                                          京津冀、哈长、长
                                          三角、海峡西岸、
        成渝、关中平原                    长江中游、山东半
                                          岛、北部湾
                                |
                                |
                              低集聚
```

图3-14 我国城市群空间结构分类

其次，按照方创琳（2014）城镇化发展的四阶段性规律判断，中国目前正处在城镇化快速成长的战略转型期，很快将告别城镇化中期阶段，进入城镇化后期的缓慢发展及质量提升阶段。这与前文对城市群经济发展现状和空间发展基本情况的分析相符。

根据以上对于我国城市群发展概况的分析，我国城市群距拥有强力增长极、等级梯度完备、网络分布均衡的现代成熟城市群还存在一定差距。参照方创琳等（2018）城市群形成发育遵循的自然规律，本书提出我国城市群处在单体大都市区形成与继续拓展阶段和基于单节点的空间结构与职能结构整合发展阶段，对应于本书2.3.1.2城市群空间结构自优化假说中的城市群成长与发展阶段。

3.4 本章小结

本章首先从经济与基本空间结构等方面分析了我国城市群的发展现

状,得出了我国城市群社会、经济发展势头良好,人口规模、经济规模、经济密度和城市间经济联系均不断增加的结论。参照方创琳等(2018)城市群形成发育遵循的自然规律理论,提出我国城市群处在城市群空间结构自优化理论中的城市群成长与发展阶段。

继而,本章利用了多种方法测度了城市群中心度指标,经对比分析最终决定以利用市辖区人口带入城市位序—规模分布拟合公式的方法来测度城市群的单中心指数。测度结果显示2008至2017年,我国大部分城市群偏向多中心空间结构,单中心空间结构城市群仅有五个。我国十五个城市群的经济发展水平与单中心指数的高低没有明显关联,但显示出了向多中心结构逐渐发展的总体趋势。

在我国十五个主要城市群中,兰州-西宁、中原、呼包鄂榆和山西中部的集中度较高,可能是因为城市群发展不均衡,等级梯度不完备。山东半岛、长江中游、京津冀、长三角和成渝的经济要素分布较为均匀,分散程度较高。原因较为复杂,但基本上不存在缺乏有力增长极造成经济不能有效集聚的情况。

大多数城市群的集中度指标数值有所增加,经历了明显从集聚向扩散趋势发展的有兰州-西宁、哈长、京津冀。原本集聚程度过高的兰州-西宁城市群变动幅度较大,使得十五个城市群集中度的总体调整幅度并不是很大。

集聚程度降低的城市群多属于跨省城市群,从一个侧面反映出行政壁垒对城市群经济要素的集聚造成了一定的障碍。

根据本章对城市群经济发展现状和空间发展基本情况的分析,本书提出我国主要城市群正处在成长与发展阶段,我国城市群中心度与集中度与城市群经济发展情况具有关联效应的初步结论。

第4章 我国城市群内部城市绿色经济效率的测度及演变分析

为了测度城市群空间结构与城市群及其内部城市绿色经济效率之间的关系，需要对城市群及其内部城市的绿色经济效率进行测定，了解各个城市群的绿色经济效率的发展情况，并加以分析。

4.1 绿色经济效率测度理论分析

绿色经济效率是对绿色经济的重要衡量方法。绿色经济提倡在发展经济的基础上，适度利用资源，促进环境改善，将生态资本、环境资本作为绿色经济的解释变量纳入经济学框架，追求经济与环境的综合效用。所以衡量绿色经济效率就是在衡量经济效率的同时衡量资源环境效率。

4.1.1 经济效率测度

绿色经济效率的测度方法源自于经济效率测度方法，且绿色经济效率研究起步较晚，于是首先回顾经济效率测度方面的研究。《现代经济词典》对经济效率的定义是经济资源配置和利用的有效性。学界一般用经济效率概念来衡量一个组织或区域范围内经济产出与经济投入之间的比例关系。近年来，围绕经济效率展开的研究较为丰富，相关研究的切入点也多种多样，例如资源配置、能源利用、国有经济运行、绿色经济、产业循环、某一行业或企业的经济效率等不一而足。

第4章 我国城市群内部城市绿色经济效率的测度及演变分析

常用的经济效率度量方法一般有两类：单要素生产率测算法和全要素生产率测算法。最初进行规范的经济效率测算的是"二战"前的美国劳工统计局，该部门使用劳动生产率这个单一要素对当时美国各产业部门的经济效率进行测算。另外，资本生产率和土地产出率也是单要素生产率的常用指标。此时的经济效率一般用来测度经济生产中投入的劳动、资本、土地等单一生产要素的效率。

基于单要素生产率仅能反映某一生产要素的使用效率，并不符合经济增长几乎总是需要投入土地、劳动、资本等多种生产要素的实际规律等原因，学者们提出了全要素生产率测算法。该方法主要用来测度实际生产中多种生产要素投入的综合经济效率，具体方法主要有增长核算法、指数分析法和前沿分析法，以前沿分析法利用最为广泛。前沿分析法包括已知生产函数具体形式的"参数方法"和生产函数具体形式未知的"非参数方法"两类。随机前沿分析法（SFA）、厚前沿分析法（TFA）和自由分布方法（DFA）都属于参数方法；无界分析法（FDH）与最为常用的数据包络分析法（DEA）属于非参数方法。

DEA法于1978年由Charnes等三位美国学者首次提出（Charnes，1979），后来经过不断演绎与发展，适用范围与使用数量获得了快速增长。从最初的基础模型CCR、BCC模型到距离函数模型SBM、混合距离函数模型，再到超效率模型、广义DEA模型、面板数据模型，DEA法经历了长足的发展和进步，解决问题的涵盖面越来越广，方法手段也越来越灵活。Tone Kaoru于2002年提出的超效率SBM模型克服了基础DEA模型（常又被称为标准效率模型）无法对有效决策单元加以进一步区分和忽视了变量松弛性与径向等问题可能带来测量偏误的局限性，可同时处理输入与输出的非同等比变化（Zhou，2008），解决了SBM模型无法对多个有效决策单元加以进一步区分的难题，且能够处理非期望产出，所以常被学者们用于绿色经济效率的测度。

测度经济效率或绿色经济效率时所测度的都是综合技术效率，而综合技术效率一般被经济学家们认为由两部分构成——纯技术效率和规模效率。其中，纯技术效率是指生产单位由于管理与技术等因素所影响的那部分生产效率，管理与技术越先进，生产效率越高。而规模效率则是受到生产单位的生产规模相关因素影响的生产效率，在未达到规模不经济的均衡点时，生产规模越大，产量越高，即生产效率越高。一个生产单位综合技术效率的值等于纯技术效率与规模效率的乘积。

4.1.2 绿色经济效率测度

城市群绿色经济效率是一段时间内，城市群中社会经济活动在经济与环境两个方面，投入与产出效率的衡量指标。常用的绿色经济效率度量方法与经济效率方法类似，一般在等量要素投入条件下，度量其产出与最大产出之间的距离，距离越大则认为被测量单位的经济效率越低；另一种是在等量产出条件下，度量其投入与最小投入之间的距离，距离越大则认为被测量单位的经济效率越低，否则反之。

绿色经济效率的测度方法主要来源于对经济效率测度方法的筛选。基于绿色经济效率的概念，在具体测度时往往需要在经济效率评价指标的基础上加入环境投入产出等指标，而学者们常常使用的废水、废气、废烟等排放数量、$PM_{2.5}$超标天数、空气污染超标天数等非期望产出作为环境产出指标（叶仁道等，2017；周杰文等，2018），所以绿色经济效率的测度受到了一定的掣肘。常用的静态测算方法将非期望产出取倒数后再使用传统DEA模型，例如CCR、BCC模型等进行测算；利用熵值法将非期望产出和期望产出一起构建综合产出指标（如绿色GDP等）后再运用传统DEA模型进行测算（胡媛和马瑜，2018）；直接运用能够处理非期望产出的DEA模型，例如基于非期望产出的距离函数 SBM 模型和除具备 SBM 模型优点外还能够比较效率为1的 DMU 之间差异的超效率 SBM 模型等（聂玉立和温湖炜，2015）。常用的绿色经济效率动态面板数据测算方法有Malmquist指数、GLPI 指数方法等。在实际运用时，学者们常常将静态方法与动态方法一起进行对比运用（吴建新和黄蒙蒙，2016；罗宣等，2017）。该方法又可分为增长核算法、指数分析法和前沿分析法。

综上，数据包络分析法（DEA）及针对面板数据的Malmquist全要素生产率指数方法，是目前最为常用的静态与动态的经济效率测算方法。由于数据包络分析法（DEA）基于多投入、多产出的思想，可对各决策单元进行对比分析，而涵盖全国大多数城市群的经济效率与绿色经济效率研究，不会局限于单投入、单产出的分析模式，二者不谋而合。另外，DEA法还有着能够内生确定各种投入要素的权重，排除主观干扰等优点，使之更为适用于复杂结构经济体的经济效率评价。因此，本书选用数据包络分析方法测算我国城市群内部城市的绿色经济效率。

4.2 实证分析

4.2.1 测度方法

鉴于Tone Kaoru于2002年提出的超效率SBM模型是基于松弛变量的数据包络模型，具有可对有效决策单元加以进一步区分、同时处理输入与输出的非同比变化、能够处理非期望产出等相对优势，能够较为真实、准确地反映我国城市群内部城市的绿色经济效率基本情况，本书选择该方法进行测度。

在本研究中，每个城市群及其内部城市被视为一个DEA决策单元（即

"DMU"），数学表达式为：

$$\text{Min}\rho = \frac{\frac{1}{m}\sum_{i=1}^{n}(\overline{x}/x_{ik})}{\frac{1}{S_1+S_1}(\sum_{p=1}^{S_1}\overline{y^d}/y^d_{pk}+\sum_{q=1}^{S_2}\overline{y^u}/y^u_{qk})}$$

$$\begin{cases} \overline{x} \geq \sum_{j=1,\neq k}^{n} x_{ij}\lambda_j; \overline{y^d} \leq \sum_{j=1,\neq k}^{n} y^d_{pj}\lambda_j; \overline{y^u} \geq \sum_{j=1,\neq k}^{n} y^d_{qj}\lambda_j; \overline{x} \geq x_k; \\ \overline{y^d} \geq y^d_k; \overline{y^u} \geq y^u_k \\ \lambda_j \geq 0, i=1,2,\cdots,m; \ j=1,2,\cdots,n, j\neq 0; p=1,2,\cdots,s_1; \\ q=1,2,\cdots,s_2; \end{cases} \quad (4-1)$$

在式（4-1）中：n代表所需测度的决策单元（DMU）数量，每个DMU的效率由投入要素m、期望产出s_1、非期望产出s_2进行测度；投入矩阵元素由x代表，期望产出矩阵元素由y^d代表，非期望产出矩阵元素由y^u代表，λ_j是对应元素的系数；ρ为最终测得的绿色经济效率值，ρ越大则效率越高。

一般的，当计算得出的效率值大于1时，表示决策单元有效率；效率值小于1时，则表示该决策单元效率不足。

4.2.2 指标选取

经济效率测度的原理是用最少的投入获得最大产出，而绿色经济效率在此基础上寻求获得最大期望产出的同时使得非期望产出最小化，即对环境造成最小的负面影响。无论选择何种方法表达绿色经济效率，选择合适的决策单元输入、输出变量都是一步关键工作。

本书主要从投入与产出两个方面来构建城市经济效率评价指标体系。大部分相关研究对于经济投入的阐释都从经典的柯布-道格拉斯生产函数为理论模型出发点，本书也不出其右，选择了劳动、资本、技术、土地作为投入指标。因为资本中有很大一部分是投入自然资源与能源之中，或用以缴纳污染排放和资源占用的税费之中的,故主要用资本与土地衡量自然资源投入。产出指标分为经济产出指标与环境产出指标两种。借鉴大多数学者的做法,经济产出指标采用了地区经济总产值来衡量经济效益的产出。事实上植树造林、治理风沙、治理污染等环境活动的产出也可在该指标中得到一定的体现。该指标是正向指标,加入超效率SBM模型的期望产出(Output)中即可。借鉴林伯强和谭睿鹏(2019)的做法,将工业废水排放量、工业二氧化硫排放量和工业烟(粉)尘排放量纳入环境指标,用来衡量经济活动对环境造成的影响,加入超效率SBM模型的非期望产出(Bad Output)中。绿色经济效率评价指标体系详见表4-1所示。

表4-1 绿色经济效率评价指标体系

类别	变量	数据及说明	单位
投入	劳动(L)	各城市当年就业人数	万人
	资本(K)	利用"永续盘存法"以2002年为基期估算的资本存量	亿元
	技术(T)	2008年不变价的各城市地方财政科学技术支出	万元
	土地(E)	城市建设用地面积	平方公里
期望产出	GDP(Y)	2008年不变价的各城市地区生产总值真实值	万元
非期望产出	废水(W)	各城市废水排放量	万吨
	二氧化硫(SO_2)	各城市二氧化硫排放量	万吨
	烟(粉)尘(S)	各城市工业烟(粉)尘排放量	万吨

4.2.2.1 投入指标

第一，劳动投入。劳动这一资源的投入是一个国家或地区经济运行的基本保障。本书中各城市历年劳动投入情况由劳动从业总人数来衡量，具体由"年末单位从业人员数"与"城镇私营和个体从业人员数"加总得出。数据来源于2009—2018年的《中国城市统计年鉴》与相应年度地区统计年鉴、国民经济和社会发展统计公报。

第二，资本投入。资本投入情况对一国或一地的经济增长速度与质量起着至关重要的作用。资本是所有经济活动必不可少的生产要素，也是生产函数最基本的两个变量之一，将其纳入经济效率指标体系是学者们的惯常做法。方创琳等（2010）曾利用城市群的固定资产投资与实际利用外资作为资本要素投入来测度我国城市群的投入—产出效率。除此之外的大多数学者则采用了资本存量来表征资本投入指标，本书沿用这种做法。由于计算经济效率所需的资本投入指标并非流量指标而是总量指标，所以相较于全社会固定资本投资，资本存量更为适合。该指标没有可直接获得的官方数据，所以必须进行估算。本书在对前人做法进行梳理的基础上，主要借鉴了张军（2000）、Young（2003）、单豪杰（2008）和刘常青（2017）的一些具体做法，选用核心假设是资本相对效率成几何模式衰减的永续盘存法（Perpetual Inventory Method，简称PIM）对所需资本存量数据进行估算，该法将不同时期的投资流量按一定的折旧率加总成同质的资本存量。计算公式如下：

$$K_t = K_{t-1}(1-\delta_t) + \frac{I_t}{p_t} \quad (4-2)$$

资本存量估算的起始年份被设定为2008年。基期资本存量采用分省计算的方式，各城市固定资产投资增长率为其所属省份2008至2017年增长率的几何平均值，折旧率为其算术平均值。为反映其真实变动情况，各城市固定资产投资数据用《中国统计年鉴》中所属省的相应年份固定资产投资价格指数，以2008年为基期进行平减。固定资产投资额数据来自2008—2017年《中国城市统计年鉴》，缺失数据来自各省、市统计年鉴和各地区国民经济和社会发展统计公报。

第三，技术投入。在生产过程中，作为三大生产要素之一的技术进步起到的作用也非常重要，会对一地的经济效率产生较为重大的影响。城市技术投入指标采用各地级市2008—2017年各市地方财政科学技术支出（万元）这一流量指标来间接表示。以2008年为基期，地方财政科学技术支出数据根据城市所属省份的相应年度居民消费价格总指数平减调整为真实值。数据来源于2008—2017年《中国城市统计年鉴》《中国统计年鉴》及相应年度地区统计年鉴与国民经济和社会发展统计公报。

第四，土地投入。土地是"一切生产和一切存在的源泉"，是至关重要的生产资料，所以本书将其纳入城市经济效率测度指标，并由城市建设用地面积（平方公里）表示。除了工业用地、仓储用地、对外交通用地等直接用于经济生产的土地以外，城市建设用地还包括城市中的居民居住用地、公共设施用地和绿地等，鉴于后者间接参与生产过程，均纳入指标度量范围。数据来自2008—2017年《中国城市统计年鉴》《中国城市建设统计年鉴》，以及相应年度地方统计年鉴和国民经济和社会发展统计公报。

4.2.2.2 产出指标

产出指标根据对社会长期经济生活具有推动作用还是阻滞作用为标准被分为期望产出和非期望产出指标。

第一，期望产出。期望产出方面，反映一定地区在一定时期中，经济生产的产品或服务总和的经济产出指标较为合适，相关研究一般利用地区生产总值或规模以上工业总产值来表示。本书选择各个地级市相应年度的地区生产总值（亿元）来衡量其经济产出。为保证工业总产值数据在时间序列上的可比性，利用各城市所属省份的相应年份GDP指数对其进行平减，以得到2008年不变价表示的各年实际数值。数据来源于2008—2017年《中国城市统计年鉴》与《中国统计年鉴》。

第二，非期望产出。绿色经济效率综合指标体系非期望产出具体包括了"三废"指标，即工业废水排放量（万吨）、工业二氧化硫排放量（万吨）、工业烟（粉）尘排放量（万吨），以衡量经济活动对环境造成负面产出及其影响。数据主要来源于2008—2017年《中国城市统计年鉴》，以及各省市统计年鉴以及当地的环境统计公报。

城市绿色经济效率投入与产出变量的描述性统计如表4-2所示。

表4-2 绿色经济效率投入与产出变量的描述性统计

类别	变量	均值	方差	最小值	最大值	样本数
投入	劳动（万人）	132.90	4.14	11.27	1729.076	1860
	资本（亿元）	4372.77	121.91	151.48	52548.79	1860
	技术（万元）	91201.19	6375.29	662.00	99927.00	1860
	土地（平方公里）	166.52	6.19	2.50	2915.56	1860
期望产出	GDP（亿元）	2599.21	76.16	105.64	30128.17	1860
	废水排放量（万吨）	8507.92	221.97	122.00	86804.00	1860
非期望产出	二氧化硫排放量（万吨）	7.20	0.25	0.01	179.67	1860
	烟（粉）尘排放量（万吨）	3.55	0.23	0.00	315.38	1860

4.2.3 测度结果及演变分析

利用Maxdea软件，运用数据包络分析中的超效率SBM模型，本书基于四个投入变量和四个产出变量的指标体系数据测定了2008—2017年中国主要城市群内部城市的绿色经济效率，共得出1860个绿色经济效率数值。

4.2.3.1 绿色经济效率测度结果及演变分析

从测度出的数据可以看出，2008—2017年我国主要城市群中的城市平均绿色效率（GEE）有效率，即大于1的城市不多，十年间有103个/年，占十年城市总数的5.54%（详见表4-3）绿色经济效率在0.800到0.99之间的有70个，在0.700到0.799之间的有94个。GEE未达0.5的城市数量约占总数的55%，说明十年间相关城市绿色经济效率水平总体不高。可见在十年间，我国主要城市群内部城市的绿色经济效率还有较大提升空间。

虽然从测得数据值可以得出我国城市群内部城市绿色经济效率偏低的结论，但进一步研究表明，在2008至2017年这十年间，各城市群内部城市的绿色经济效率呈现出了总体上升的趋势。

首先，各个城市群中心城市的绿色经济效率普遍不是很高。在绿色经济效率排名前100位的城市榜单中，历年上榜次数最多的六个城市是鄂尔多斯、茂名、大庆、沧州、绥化、松原，均属于各大城市群的普通节点城市。各大城市群的中心城市仅青岛、深圳、海口、北京、广州、西安、西宁、长春、长沙出现在该榜单中，除青岛出现了四次，海口出现了三次以外，其他中心城市仅2016年、2017年的绿色经济效率较高。这说明在我国主要城市群中，经济要素与资源要素的投入、产出比不是很高。

表4-3　城市群内部城市绿色经济效率前一百排行（2008—2017年）

序号	年份	城市	GEE	序号	年份	城市	GEE	序号	年份	城市	GEE
1	2016	松原	4.387	21	2016	茂名	1.205	41	2014	大庆	1.094
2	2012	达州	1.847	22	2016	青岛	1.182	42	2012	潍坊	1.090
3	2016	成都	1.801	23	2014	潍坊	1.177	43	2013	榆林	1.080
4	2008	阳江	1.749	24	2017	衡水	1.177	44	2008	潍坊	1.077
5	2017	海口	1.528	25	2015	鄂尔多斯	1.170	45	2017	沧州	1.075
6	2017	深圳	1.468	26	2015	茂名	1.163	46	2014	鄂尔多斯	1.075
7	2011	崇左	1.458	27	2017	娄底	1.159	47	2016	沧州	1.072
8	2017	长沙	1.400	28	2017	佛山	1.149	48	2012	吕梁	1.072
9	2017	周口	1.356	29	2017	广州	1.147	49	2010	松原	1.066
10	2017	钦州	1.336	30	2017	松原	1.143	50	2016	鄂尔多斯	1.066
11	2017	鄂尔多斯	1.326	31	2017	茂名	1.140	51	2014	宁德	1.064
12	2017	榆林	1.324	32	2013	鄂尔多斯	1.136	52	2017	漳州	1.064
13	2009	绥化	1.311	33	2016	潍坊	1.132	53	2017	庆阳	1.063
14	2016	海口	1.297	34	2015	松原	1.132	54	2017	宁德	1.063
15	2012	鄂尔多斯	1.281	35	2017	防城港	1.128	55	2011	鄂尔多斯	1.055
16	2017	咸阳	1.270	36	2012	茂名	1.128	56	2016	宁德	1.054
17	2017	西安	1.267	37	2017	西宁	1.117	57	2013	大庆	1.054
18	2012	湛江	1.237	38	2010	海口	1.113	58	2013	茂名	1.053
19	2017	常德	1.228	39	2017	绥化	1.108	59	2013	东营	1.050
20	2017	东营	1.227	40	2017	长春	1.100	60	2008	大庆	1.046

续表

序号	年份	城市	GEE	序号	年份	城市	GEE	序号	年份	城市	GEE
61	2017	襄阳	1.040	75	2008	青岛	1.028	89	2012	大庆	1.017
62	2012	松原	1.040	76	2015	资阳	1.028	90	2017	泉州	1.016
63	2017	三明	1.039	77	2009	沧州	1.027	91	2010	茂名	1.015
64	2009	鄂尔多斯	1.039	78	2012	榆林	1.027	92	2012	佛山	1.013
65	2012	东莞	1.038	79	2017	黄石	1.027	93	2016	绥化	1.011
66	2015	东营	1.038	80	2012	青岛	1.026	94	2008	沧州	1.009
67	2010	大庆	1.038	81	2011	佛山	1.025	95	2010	鄂尔多斯	1.009
68	2012	绥化	1.036	82	2017	北京	1.025	96	2016	广州	1.006
69	2011	大庆	1.036	83	2010	青岛	1.025	97	2009	东营	1.005
70	2017	莆田	1.033	84	2016	长沙	1.024	98	2014	深圳	1.004
71	2017	亳州	1.031	85	2017	牡丹江	1.023	99	2015	深圳	1.004
72	2011	茂名	1.030	86	2011	东莞	1.022	100	2008	绥化	1.003
73	2012	资阳	1.030	87	2010	沧州	1.021				
74	2010	潍坊	1.029	88	2016	湛江	1.017				

其次，我国城市群各内部城市之间的绿色经济效率差距较为明显。从各大城市群内部城市的绿色经济效率可以看出，十年数值排名前一百的城市绿色经济效率均值为1.163，最末一百的城市绿色经济效率均值仅为0.265，差距约五倍。

从各大城市群绿色经济效率平均值可以看出，我国主要15个城市群的绿色经济效率差距较大。呼包鄂榆、北部湾、海峡西岸优势较为明显，2017年均高于0.8。山西中部和辽中南绿色经济效率值较低，最低值不到最高值的35%（详见表4-4）。

表4-4 城市群绿色经济效率平均值（2008—2017年）

序号	城市群	2008	2009	2010	2011	2012	2013	2014	2015	2016	2017
1	京津冀	0.487	0.469	0.484	0.471	0.523	0.537	0.564	0.585	0.630	0.722
2	山西中部	0.416	0.422	0.423	0.520	0.579	0.507	0.454	0.422	0.452	0.530
3	呼包鄂榆	0.611	0.647	0.700	0.714	0.878	0.864	0.766	0.824	0.795	1.078
4	辽中南	0.476	0.464	0.451	0.421	0.451	0.449	0.418	0.417	0.410	0.364
5	哈长	0.584	0.596	0.576	0.569	0.644	0.636	0.637	0.658	0.701	0.752
6	长三角	0.372	0.382	0.385	0.408	0.469	0.442	0.458	0.489	0.564	0.674
7	海峡西岸	0.497	0.532	0.504	0.528	0.574	0.610	0.645	0.626	0.741	0.897
8	长江中游	0.335	0.370	0.381	0.427	0.484	0.504	0.521	0.557	0.651	0.743
9	山东半岛	0.556	0.527	0.562	0.502	0.576	0.554	0.592	0.568	0.663	0.742
10	中原	0.438	0.456	0.433	0.433	0.460	0.470	0.495	0.502	0.611	0.738
11	珠三角	0.410	0.470	0.480	0.585	0.655	0.564	0.618	0.680	0.727	0.810
12	北部湾	0.576	0.445	0.525	0.588	0.587	0.540	0.631	0.692	0.853	0.974
13	成渝	0.416	0.418	0.409	0.454	0.506	0.509	0.534	0.574	0.658	0.654
14	关中平原	0.366	0.400	0.380	0.405	0.457	0.464	0.497	0.527	0.579	0.731
15	兰州-西宁	0.274	0.289	0.289	0.317	0.373	0.374	0.394	0.416	0.393	0.685

再次，我国城市群各内部城市的绿色经济效率差距呈现出不断缩小，又在2016年增大，2017年再逐渐缩小的趋势。从图4-1可知，2008—2017年，我国主要城市群内部城市的绿色经济效率的方差波动较大，整体呈上升态势。2008—2015年，各城市的绿色经济效率总体下降，在2012年出现了小幅波动。2016年的城市群内部城市绿色经济效率方差提升较为明显，究其原因，很可能是我国在2016年出台了一系列环境保护相关的法律法规和政

策，例如《中华人民共和国大气污染防治法》《土壤污染防治行动计划》《"十三五"环境影响评价改革实施方案》《中华人民共和国环境保护税法（草案）》《控制污染物排放许可制实施方案》等，部分省市落实速度较快或落实得更为严格，有可能拉大其绿色经济效率与其他省市的差距。

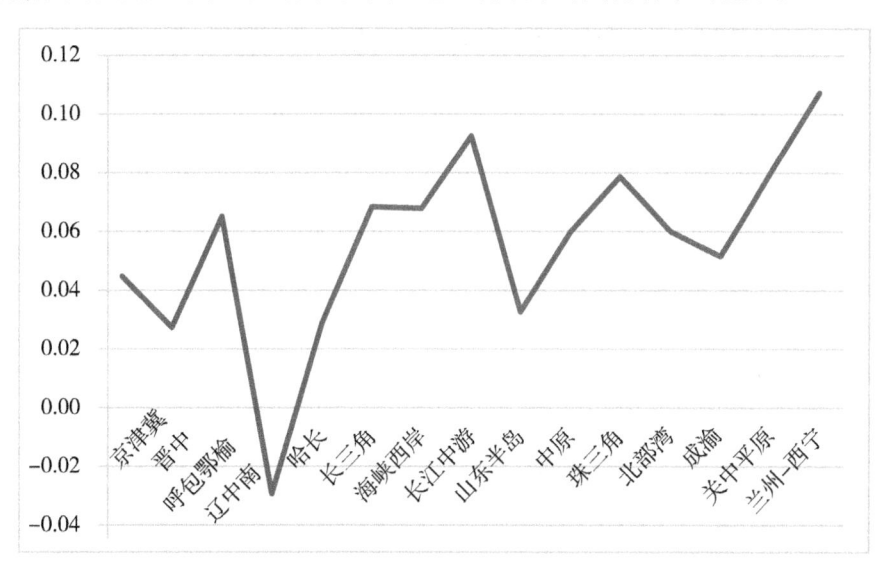

图4-1　我国主要城市群内部城市的绿色经济效率方差（2008—2017年）

最后，我国城市群内部城市的绿色经济效率总体上呈现出连年上升的态势，且近两年上升迅速。经计算，186个城市从2008至2017年绿色经济效率的平均增幅为5.86%，除鞍山、本溪、大庆、丹东、抚顺、邯郸、锦州、辽阳、临汾、平顶山、齐齐哈尔、青岛、沈阳、四平、铁岭、潍坊、阳江17个城市以外，其他城市的绿色经济效率都有所上升，即十年间的年均涨幅为正数。这说明绝大多数研究对象城市对绿色经济效率的重视程度都不断增加，实施的各项举措也获得了一定的效果。

17个年均涨幅下降的城市基本上都是城市群的非中心城市，且其中大部分城市位于辽中南城市群。说明一般而言，城市群的中心城市对绿色经济效率的提高较为重视。而辽中南城市群除大连、营口和盘锦外的城市的绿色经济效率均遭遇了不同程度的降低。这一方面可以归咎为该城市群经济发展不利，另一方面能够反映出在经济发展疲软的情况下追求绿色经济的不现实性。

从2008至2017年，将研究对象城市的绿色经济效率按照城市群计算平均值，可以推断出各城市群内部城市的绿色经济效率在十年间虽有所波动，但总体上呈现出连年上升的态势。从图4-2也能更为直观地看出，除了辽中南城市群的内部城市绿色经济效率均值有所下降以外，其他城市群的绿色经济效率均呈上升趋势。

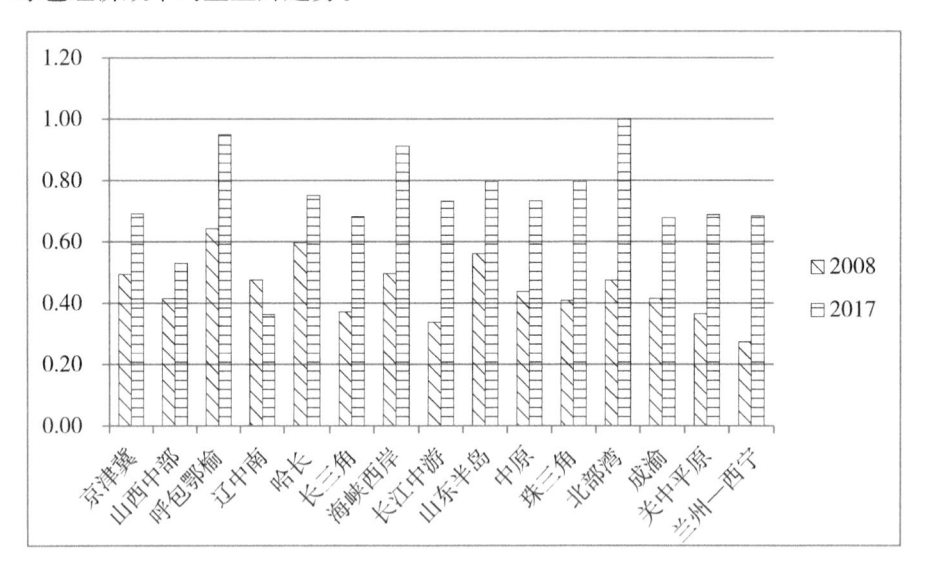

图4-2 按城市群计算城市绿色经济效率均值比较（2008、2017）

其中增幅较大的有兰州-西宁、长江中游、关中平原和珠三角城市群，年均增长率分别达到了10.7%、9.3%、8.0%和7.9%。增幅较小的两个城市群分别是哈长城市群和山西中部，年均增长率低至3.0%以下。在全部十五个城市群中，仅辽中南的城市绿色经济效率出现了下降的趋势，年均降低2.9%。东北地区城市群不仅经济发展表现不佳，绿色经济发展情况也令人堪忧。

经济体量最大的长三角、珠三角、京津冀将对全国绿色经济的发展产生较大影响。三者中在绿色经济建设方面做得最好的是珠三角，其2017年GEE较2008年增长了97.6%，年均增长率达到7.9%。长三角增幅也达81.2%，年均增长率6.8%。京津冀增幅仅48.3%，年均增长幅度仅为4.5%，直至2016年、2017年才出现了较为显著的好转。

另外，我国十五个城市群中地级以上城市的绿色经济效率均值为0.53，纯技术效率均值为0.63，规模效率为0.85，可见我国城市群的绿色经济效率主要由规模效率推动，较少由技术进步驱动。

4.2.3.2 纯技术效率与规模效率的测度结果及演变分析

如前所述，综合技术效率由纯技术效率和规模效率两个部分构成。其中，纯技术效率是指生产单位由于管理与技术等因素所影响的那部分生产效率，一般的，管理与技术越先进，生产效率越高。

从城市绿色经济效率测度数据可以看出，2008至2017年我国主要城市群中的城市平均纯技术效率较平均规模效率低的情况占绝大多数，仅位于西北地区的关中平原和兰州-西宁城市群的平均规模效率占主导地位。这说明大部分城市群内部城市的绿色经济效率是由纯技术效率所主导的，其绿色经济效率受到管理与技术进步的影响更大。而关中平原和兰州-西宁城市群的绿色经济效率则主要来源于其生产规模的增加，这两个城市群的管理与技术进步相对更有提升空间，具体数据如表4-5和表4-6所示。

表4-5 2008至2017年城市群平均纯技术效率

序号	城市群	2008	2009	2010	2011	2012	2013	2014	2015	2016	2017
1	京津冀	0.540	0.525	0.550	0.532	0.591	0.600	0.643	0.683	0.702	0.814
2	山西中部	0.602	0.646	0.635	0.676	0.702	0.635	0.600	0.567	0.584	0.629

续表

序号	城市群	2008	2009	2010	2011	2012	2013	2014	2015	2016	2017
3	呼包鄂榆	0.679	0.686	0.732	0.733	0.887	0.868	0.775	0.839	0.814	1.111
4	辽中南	0.644	0.585	0.541	0.490	0.516	0.518	0.494	0.498	0.492	0.460
5	哈长	0.752	0.814	0.757	0.672	0.713	0.695	0.713	0.707	0.773	0.880
6	长三角	0.446	0.452	0.443	0.461	0.519	0.484	0.507	0.540	0.617	0.769
7	海峡西岸	0.585	0.629	0.596	0.599	0.639	0.674	0.712	0.694	0.782	0.972
8	长江中游	0.464	0.478	0.473	0.505	0.563	0.596	0.607	0.631	0.720	0.819
9	山东半岛	0.636	0.577	0.618	0.541	0.616	0.584	0.648	0.606	0.712	0.811
10	中原	0.536	0.543	0.521	0.520	0.542	0.549	0.572	0.581	0.706	0.840
11	珠三角	0.447	0.500	0.497	0.601	0.669	0.581	0.637	0.702	0.741	0.848
12	北部湾	0.777	0.706	0.732	0.651	0.758	0.701	0.790	0.809	0.914	1.092
13	成渝	0.616	0.597	0.563	0.597	0.669	0.625	0.649	0.692	0.725	0.804
14	关中平原	0.725	0.708	0.662	0.667	0.704	0.678	0.711	0.735	0.793	0.991
15	兰州-西宁	0.681	0.589	0.589	0.620	0.662	0.656	0.606	0.655	0.702	1.065

表4-6　2008至2017年城市群平均规模效率

序号	城市群	2008	2009	2010	2011	2012	2013	2014	2015	2016	2017
1	京津冀	0.897	0.889	0.880	0.891	0.888	0.895	0.884	0.871	0.899	0.900
2	山西中部	0.720	0.698	0.702	0.777	0.822	0.809	0.777	0.763	0.792	0.860
3	呼包鄂榆	0.910	0.944	0.961	0.972	0.993	0.995	0.989	0.980	0.977	0.966
4	辽中南	0.763	0.799	0.837	0.861	0.874	0.867	0.846	0.836	0.837	0.791
5	哈长	0.802	0.773	0.799	0.849	0.896	0.909	0.894	0.925	0.901	0.869

续表

序号	城市群	2008	2009	2010	2011	2012	2013	2014	2015	2016	2017
6	长三角	0.845	0.858	0.873	0.892	0.902	0.913	0.902	0.905	0.915	0.896
7	海峡西岸	0.862	0.857	0.858	0.890	0.902	0.906	0.905	0.904	0.944	0.927
8	长江中游	0.738	0.787	0.815	0.849	0.858	0.847	0.859	0.884	0.906	0.906
9	山东半岛	0.863	0.912	0.891	0.927	0.920	0.946	0.911	0.933	0.924	0.916
10	中原	0.826	0.845	0.837	0.838	0.853	0.863	0.867	0.868	0.880	0.881
11	珠三角	0.906	0.929	0.956	0.968	0.973	0.968	0.966	0.962	0.974	0.955
12	北部湾	0.660	0.681	0.736	0.705	0.762	0.784	0.818	0.861	0.930	0.904
13	成渝	0.710	0.732	0.750	0.777	0.858	0.818	0.823	0.829	0.896	0.842
14	关中平原	0.600	0.636	0.634	0.656	0.691	0.711	0.726	0.738	0.756	0.750
15	兰州-西宁	0.509	0.579	0.579	0.619	0.659	0.663	0.690	0.701	0.664	0.607

我国主要城市群的平均纯技术效率和平均规模效率均呈现出不断增长的演变特征，且纯技术效率的增长更为明显，在2016年与2017年的提升幅度也更大。说明我国城市群内部城市在经济生产过程中，更为注重管理与技术的不断提升，继而推动了绿色经济效率的不断增长，这一推动作用在2016年和2017年发挥得更为有效。较为特殊的是辽中南城市群的纯技术效率逆势下降。该城市群受到地区长期经济疲软、人才外流等不利因素的影响，管理与技术不进步反而倒退，严重影响了其内部城市绿色经济效率的增加。

同时，各城市群的规模效率也在波动中有所增加，普遍在2017年有所放缓。随着整体经济形势的变化，受到经济结构调整，增长方式转变等新情况的影响，规模效率的下降也是在情理之中的。

4.2.3.3 纯技术效率、规模效率对绿色经济效率的影响分析

图4-3中绿色经济效率与纯技术效率的波动较为一致，绿色经济效率较高，纯技术效率次之，规模效率最低。这表明我国主要城市群绿色经济效率的波动受到纯技术效率的影响更多一些，而规模效率起到了较为稳定的支撑作用。要提高各城市群内部城市的绿色经济效率，稳定发展规模效率是基础，提高纯技术效率是关键。技术进步驱动不足是我国城市群内部城市绿色经济效率不高的主要原因，提高绿色经济效率主要应从为管理与技术的进步提供良好条件着手。

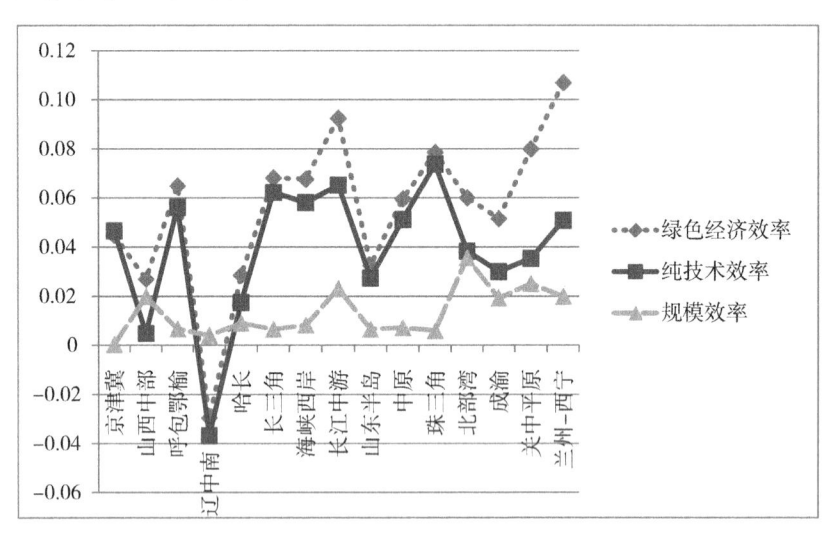

图4-3 城市群内部城市绿色经济效率前一百排行（2008—2017年）

4.3 本章小结

本章以经济增长理论为出发点，首先对绿色经济效率的测度在理论与实用两个方面进行了回顾与分析，以绿色经济效率是同时衡量经济发展效率与环境发展效率的工具作为前提，在理解绿色经济内涵的基础上，说明

第4章 我国城市群内部城市绿色经济效率的测度及演变分析

了绿色经济效率的衡量有两个方面问题：经济效率的衡量和资源环境效率的衡量。在理解经济效率、绿色经济效率测度方法的历史脉络和现代测度方法发展情况后，通过比较近年来重要文献常用方法，本章选定了超效率SBM用以测度我国主要城市群内部城市的绿色经济效率。

经过文献研读与对比，本章最终选定劳动、资本、技术和土地作为投入指标，主要利用部分资本和土地代表环境与资源投入。产出指标则被分为经济产出指标与环境产出指标两种，经济产出指标也是期望产出指标，用地区经济总产值来衡量；环境产出指标也是非期望产出指标，包括城市废水排放量、城市二氧化硫排放量和工业烟（粉）尘排放量。

利用选定的模型方法和投入产出指标数据，本章最终测定了186个城市在2008—2017年间的绿色经济效率，得出了目标城市在十年间绿色经济效率总体不高但持续增加，差距较明显但呈现不断缩小趋势的结论。

在纯技术效率和规模效率的测度结果分析过程中，本章得出的结论主要有：对我国主要城市群的内部城市而言，大部分城市的纯技术效率比平均规模效率低；纯技术效率和规模效率均不断增长，且纯技术效率的增长更为明显；绿色经济效率的波动受到纯技术效率的影响更多，而规模效率则起到了支撑作用；要提高各城市群内部城市的绿色经济效率，稳定发展规模效率是基础，提高纯技术效率是关键。

站在城市群的视角，大部分城市群内部城市2017年的绿色经济效率都较十年前有所增加。长江中游、北部湾、关中平原的城市增幅最大，哈长和山西中部增幅较小，辽中南发生了下降，整体区域差异特征不明显。长三角、珠三角、京津冀经济规模最大，对全国绿色经济的发展产生影响也将较大。

绿色经济效率及其纯技术效率、规模效率的发展趋势与我国城市群的发展趋势方向一致。

第5章 城市群空间结构对绿色经济效率影响实证分析

已有理论和研究就城市群空间结构对经济效率的影响进行了一定的研究与论证，但是鲜有学者对城市群空间结构对绿色经济效率，尤其是其内部城市的绿色经济效率进行研究。因此，通过构建城市群空间结构—内部城市绿色经济效率模型，实证研究该问题非常有必要。

5.1 模型构建

5.1.1 基准计量模型

鉴于主要研究目的是考察城市群空间结构，尤其是城市群中心度对其内部城市绿色经济效率的影响，本书借鉴Huang Y.等（2018）、林伯强和谭睿鹏（2019）、孙斌栋等（2019）的研究框架，在柯布-道格拉斯生产函数的基础上构建以城市绿色经济效率为因变量，以其所在的城市群空间结构变量的计量模型。考虑到城市绿色经济效率的其他影响因素，本书借鉴以往学者的做法，加入了一系列控制变量。

$$GEE_{i,t} = \alpha + \beta S_{i,t} + \sum_{i=1}^{i} \gamma_{i,t} CONTROL_{i,t} + \mu_i + \lambda_t + \varepsilon_{i,t}$$

(5-1)

其中，下标i表示城市群中的各个城市，t表示年份。$GEE_{i,t}$为本书的被解释变量，即i城市t年的绿色经济效率；$S_{i,t}$为本书的核心解释变量，表示i城市所在城市群t年的空间结构变量，主要包括城市群的中心度mono、集中度conc及其交乘项monoconc；$CONTROL_{i,t}$表示本书选取的一系列控制变量，将在下文中予以详细介绍。α是常数项，β是相应自变量的回归系数，$γ_{i,t}$是控制变量的回归系数；$μ_i$与$λ_t$分别代表城市的个体效应与时间效应；$ε_{i,t}$是随机扰动项，服从正态分布。

5.1.2 动态面板计量模型

城市绿色经济效率的影响是一个不断发展的动态过程，效率值可能受到当期因素与前期因素的共同影响，有一定的自增强效应，且本研究更为注重的是长期影响关系，故借鉴于斌斌（2015）、谢婷婷和刘锦华（2019）、Huang Y.等（2018）的具体做法，在静态面板中分别加入被解释变量的一阶滞后项$GEE_{i,t-1}$，建立动态面板数据模型如下：

$$GEE_{i,t}=α+β_0GEE_{i,t-1}+β_1S_{i,t}+\sum_{i=1}^{i}γ_{i,t}CONTROL_{i,t}+$$

$$μ_{i,t}+λ_{i,t}+ε_{i,t}$$

（5-2）

式（5-2）与式（5-1）相类似，下标i与t仍表示城市群中的各个城市与年份。$GEE_{i,t}$为本书的被解释变量绿色经济效率；$GEE_{i,t-1}$是被解释变量$GEE_{i,t}$的一阶滞后项，$S_{i,t}$为本书的核心解释变量，即城市所在城市群的空间结构变量；$CONTROL_{i,t}$表示本书的控制变量。α是常数项，$β_0$是被解释变量一阶滞后项的回归系数，$β_1$是自变量的回归系数，$γ_{i,t}$是控制变量的回归系数；$μ_i$与$λ_t$分别代表城市的个体效应与时间效应；$ε_{i,t}$是随机扰动项，服从正态分布。

有鉴于城市群中心度对其内部城市绿色经济效率的影响有可能是非线性的，有必要在测度中心度对绿色经济效率影响的同时，将中心度的二次项也加入模型当中：

$$GEE_{i,t}=\alpha+\beta' GEE_{i,t}+\beta'' mono_{i,t}^2+\sum_{i=1}^{i} \gamma_{i,t} CONTROL_{i,t}+\mu_i+\lambda_t+\varepsilon_{i,t}$$

（5-3）

式（5-3）中，$GEE_{i,t}$、$CONTROL_{i,t}$、i与t、α、γ_{it}、μ_i、λ_t、$\varepsilon_{i,t}$的涵义与式（5-1）中相同，$mono_{i,t}$表示t年i城市所在城市群的中心度，β'为其回归系数；$mono_{i,t}^2$是$mono_{i,t}$的二次项，β''是它的回归系数。

5.1.3 作用机理与传导机制计量模型

如果上述模型的实证结果表明城市群空间结构，主要是城市群中心度的确对城市的绿色经济效率产生影响，那么这种影响是怎样作用与绿色经济效率的呢？

5.1.3.1 作用机理计量模型

为了探析城市群中心度对绿色经济效率产生影响的作用机理，即该影响是更多地通过提升纯技术效率还是通过增加规模效率而实现，幅度有多大，本研究在式（5-1）的基础上，借鉴谢婷婷和刘锦华（2019）等学者的方法，设定构建相关模型如式（5-4）与式（5-5）。

$$GEEvrste=\theta_0'+\theta_i' GEEvrste_{i(t-1)}+\theta_j' mono_j+\sum_{i=1}^{i} \gamma_i CONTROL_{i,t}+$$

$$\mu_{i,\ t}+\lambda_{i,\ t}+\varepsilon_{i,\ t} \tag{5-4}$$

$$GEEscale=\theta_0^{''}+\theta_i^{''}GEEscale_{i\ (t-1)}+\theta_j^{''}mono_j+\sum_{i=1}^{i}\gamma_i\ CONTROL_{i,t}+$$

$$\mu_{i,\ t}+\lambda_{i,\ t}+\varepsilon_{i,\ t} \tag{5-5}$$

式（5-4）和式（5-5）分别用来测度城市群空间结构对纯技术效率和规模效率的动态影响。其中，GEEvrste和GEEscale依次表示纯技术效率和规模效率，$\theta_0^{'}$、$\theta_0^{''}$为常数项，$\theta_i^{'}$、$\theta_j^{'}$、$\theta_i^{''}$、$\theta_j^{''}$是相应自变量的回归系数。$\varepsilon_{i,t}$是残差项，$\mu_{i,t}$表示个体固定效应，$\lambda_{i,t}$是时间固定效应。其他变量的涵义与前式相同。

5.1.3.2 传导机制计量模型

根据前文的理论机制分析，城市群中心度可能通过科技创新效应、人力资本提升效应和基础设施升级效应促进绿色经济效率的提高，所以还需要对这三种传导机制进行进一步的检验。

借鉴Hayes（2009）的中介效应检验方法，本书建立递推回归计量模型如下：

$$GEE_{i,t}=\alpha+\beta mono_{i,t}+\sum_{i=1}^{i}\gamma_i\ CONTROL_{i,t}+$$

$$\mu_{i,\ t}+\lambda_{i,\ t}+\varepsilon_{i,\ t} \tag{5-6}$$

$$M_{i,t}=\sigma_0+\sigma_1 mono_{i,t}+\sum_{i=1}^{i}\gamma_i CONTROL_{i,t}+\mu_{i,t}+\lambda_{i,t}+\varepsilon_{i,t}$$

（5-7）

$$GEE_{i,t}=\omega_0+\omega_1 mono_{i,t}+\omega_2 M_{i,t}+\sum_{i=1}^{i}\gamma_i CONTROL_{i,t}+\mu_{i,t}+\lambda_{i,t}+\varepsilon_{i,t}$$

（5-8）

式（5-7）中的$M_{i,t}$代表城市群空间结构对城市绿色经济效率产生影响的中介变量，用以表示科技创新、人力资本提升和基础设施升级三种中介效应。根据中介效应的检验方法，第一步对式（5-6）进行回归，检验城市群空间结构对城市绿色经济效率的影响是否存在，在基准计量模型部分进行检验。第二步对式（5-7）进行估计，考察城市群空间结构对中介变量的影响。第三步对式（5-8）进行回归，验证中介变量对绿色经济效率的影响，从而最终验证中介效应的存在。如果系数ω_1、ω_2均显著，ω_1与基准回归β符号一致，且ω_1的绝对值小于β的绝对值，则表明三种中介效应确实存在。

5.1.4 面板分位数模型

为了更进一步地考察城市群中心度对城市绿色经济效率的边际效应演化特征并且进行稳健性检验，本研究采用兼具面板与截面分位数模型优点的面板分位数模型进行检验（秦强和范瑞，2018）。该模型还具有可以更好地控制个体差异，对异常值敏感度较低，适用范围较广与估计结果更为稳健的优点（吴鑑洪等，2014）。模型设定如下：

$$Q_\tau [GEE | F_{i,t}(mono)] = F'_{i,t}(mono) \lambda(\tau)$$

(5-9)

式（5-9）中，$F_{i,t}$（mono）表示绿色经济效率的各种影响因素，包括城市群中心度（mono）及一系列控制变量；$Q_\tau [GEE | F_{i,t}(mono)]$表示当各种影响因素给定的情形下，绿色经济效率在不同分位值τ上的值；$\lambda(\tau)$表示$F_{i,t}$（mono）在不同分位值τ上的估计值。

其次，为估计参数值，还需求解最小值问题：

$$\min \sum_{i:GEE_{i,t} \geq F'_{i,t}(mono)\lambda(\tau)}^{n} \tau |GEE_{i,t} - F'_{i,t}(mono)| + \sum_{i:GEE_{i,t} \geq F'_{i,t}(mono)\lambda(\cdot\tau)}^{n} (1-\tau)|GEE_{i,t} - F'_{i,t}(mono)|$$

(5-10)

式（5-10）中，n为本研究的样本量，其他变量名如上所述。为更全面地对各变量在不同分位数上的结构性差异进行分析，本书选取10%、20%、30%、40%、50%、60%、70%、80%及90%为分位点进行广义面板分位数估计检验。

5.2 变量说明

5.2.1 被解释变量

5.2.1.1 核心被解释变量

本书的核心被解释变量是城市绿色经济效率（GEE）。本书利用由数据包络分析方法计算得到的城市绿色经济效率作为被解释变量，具体选取了资本、劳动、土地与技术作为投入变量，以2008年可比价计算的城市生产总值作为经济产出变量,"三废"排放量作为环境产出变量。

5.2.1.2 其他被解释变量

为了检验城市群空间结构,主要是中心度影响绿色经济效率的作用机理,探求该影响是通过提升纯技术效率还是通过增加规模效率实现的,还需要两个变量作为被解释变量,即测度绿色经济效率过程中需要的纯技术效率和规模效率。

纯技术效率(GEEvrste)是指生产单位由于管理与技术等因素所影响的那部分生产效率。纯技术效率越高,说明生产单位的管理越有效,技术越先进,会促进生产效率的提高。

规模效率(GEEscale)主要是指受到生产单位的生产规模相关因素影响产生的生产效率。规模效率越高,一般能够说明生产单位的生产规模越大,生产成本越低或产量越高,促进生产效率增加。

5.2.2 核心解释变量

通过第一章文献综述部分和第二章理论分析部分的阐述可知,影响绿色经济效率的可能因素众多,而且每个影响因素对其影响的机制也各有不同,其中不乏城市群空间结构变量。

本书所指的城市群主要空间结构变量是中心度,但城市群集中度也很可能单独或与城市群中心度一起对绿色经济效率产生影响,于是将城市群中心度和集中度作为解释变量。由于城市群中心度是其中最受重视且较有争议的一个变量,故将其作为核心解释变量。

5.2.2.1 核心解释变量

城市群中心度(mono)变量主要用来衡量一个城市群经济集聚的中心

只有某个单一城市(单中心),还是经济实力可以匹敌的几个城市(多中心)。本书运用以市辖区人口代入位序—规模方程测度的中心度指数作为衡量城市群中心度的主要依据,在第三章中进行了较为详尽的阐述。该指标主要说明了一个城市群中经济活动的集聚分布情况,其值越大,所对应城市群的单中心程度越突出;值越小,则意味着该城市群的多中心程度较为突出。

5.2.2.2 解释变量

城市群集中度(conc)变量用来表示经济联系是大多集中在城市群的中心部分,还是分散在更大的空间范围内。城市群集中度由城市联系矩阵计算出的城市群的经济网络集中度指标表示。该指标即SNA方法计算出的图的相对度数中心势指数CRD。该指标具体计算过程与结果分析详见第三章。

5.2.3 中介变量

在表明城市群空间结构对城市绿色经济效率影响的基础上,本书有可能会探讨这种影响的传导机制。理论机制分析部分阐述了城市群空间结构可能通过科技创新效应、人力资本提升效应和基础设施升级效应促进绿色经济效率的提高,于是本书引入了三个中介变量,以便对这三种传导机制进行验证。

5.2.3.1 城市群科技创新能力

城市群的内部经济活动的集聚分布能够促进科技创新,而城市群科技创新能力(tech)与技术进步能够提高产出,降低能耗,减少污染,提高绿色经济效率(方杏村等,2019)。本书利用城市群各内部城市地方财政中科学技术支出之和占其当年GDP总额的比值来表征该变量。

5.2.3.2 城市群人力资本水平

较高的城市群人力资本水平（hr）对形成规模经济、促进规模报酬递增能够起到助推作用，而集聚程度高的地区往往人力资本高级化程度也较高，可以对绿色经济效率产生促进作用。鉴于人力资本的高低往往取决于教育水平，故本书用各城市群普通高等学校在校生人数占劳动人数的比例来对该城市群人力资本水平加以衡量。

5.2.3.3 城市群基础设施水平

经济活动在城市群空间的适度集聚能够通过集聚与扩散效应产生更多的城市间交往需求，促进城市群基础设施水平（infra）的提升。得到改善的基础设施会降低运输成本与交易费用，促进劳动分工的深化和规模经济的形成，还能加速知识溢出，继而提高绿色经济效率。本书用人均道路面积衡量基础设施水平，用年末人均实有城市道路面积与总人口的比值求得。

5.2.4 控制变量

理论上需要对控制变量的影响进行充分分离，才能更为准确地判断城市群主要空间结构变量其内部城市绿色经济效率之间的关系。城市在城市群中的网络中心度及其自身的经济集聚程度这两个城市空间结构指标很可能影响绿色经济效率。此外，在吴旭晓（2014）、钱争鸣和刘晓晨（2014）、白洁和夏克郁（2019）、方杏村等（2019）、徐永辉和匡建超（2019）、彭继增等（2019）学者研究成果的基础上，本书还引入了城市群内部城市的市场化程度、外商直接投资、产业结构、知识溢出水平作为控制变量。

5.2.4.1 城市网络中心度

城市网络中心度（nrmdegree）变量用来表示一个城市在城市群的经济联系网络中所处的位置是否居于网络中心。一般而言，在城市群经济联系网络中位置越是靠近中心，经济网络密度越大，该城市越是能够获得整个网络的经济资源，同时有利于其经济发展与获得环境治理所需的技术与资金；但同时经济网络的中心也是更有可能发生集聚拥堵的节点城市，所以该变量对绿色经济效率的影响不确定。

本书从社会网络分析的观点出发，将城市群视为一个由城市节点组成的网络系统，将节点的相对点度中心度作为城市网络中心度的代理变量，使用Ucinet软件，通过对第三章测度的城市群经济联系强度矩阵进行计算得到。

社会网络分析方法利用节点的相对点度中心度来衡量网络成员之间的"权力"等级，如果一个点在网络的总体结构上占据重要地位，就被看作是该网络的整体中心，其相对点度中心度就越高（Freeman，1979）。

各城市群中城市在经济联系网络中所处的地位不仅与城市群中城市的经济影响力相关，还与该城市所处的位置、与其他城市之间的交通便利程度等因素相关。经济联系网络中的中心城市与现实经济生活中城市群的中心城市不一定十分吻合。

5.2.4.2 城市经济集聚程度

城市经济集聚（agg）一般用来衡量某一地域内整体经济活动的集中程度。林伯强和谭睿鹏（2019）的研究表明，经济集聚程度对绿色经济效率有显著的影响，当经济集聚程度较小时，主要对绿色经济效率起到阻碍作用，当经济集聚程度较大时，则有利于绿色经济效率的提高。学者们常利用就业密度对其进行测度（Ciccone和Hall，1996；Baumont等，2004），本书用每一单位土地面积中的劳动者数量对该指标进行测度。

5.2.4.3 城市市场化程度

城市市场化程度（market）用来衡量一个地区生产要素由市场来进行配置的程度。较高的市场化程度对绿色经济效率有显著促进作用（韩晶等，2017）。而当市场化程度较低时，地方政府往往会采用经济、行政与法律等手段对该地的经济社会活动进行干预。适度的政府干预对绿色经济效率的改善能够起到促进作用，而政府过度干预会导致资源扭曲和资源错配，抑制绿色全要素生产率提升（张建华和李先枝，2017）。

本书城市市场化程度的代理变量是该城市所在省份的市场化指数（樊纲和王小鲁，2003；王小鲁等，2019），来自历年《中国分省份市场化指数报告》的市场化总指数评分一项，2017年数据根据相应地区指数年均增长率补齐。该指数从政府与市场的关系、非国有经济发展、产品与要素市场的发育、市场中介与法制的完善四个方面对一地的市场化程度进行评价，比用政府财政支出占GDP比重衡量政府干预的方法更为客观和全面，利于增加模型测度的准确性。

5.2.4.4 外商直接投资

外商直接投资（fdi）是影响绿色经济增长的因素之一，但其作用机制具有一定的不确定性（原毅军和谢荣辉，2015）。一方面，外商直接投资有可能使得被投资国家或地区通过国外先进的技术、知识、管理等，产生技术扩散与知识外溢效应，来提高该国或该地区绿色经济效率（聂玉立和温湖炜，2015）。另一方面，外商直接投资也有可能由于国内环境政策不够完善，而导致高污染、高耗能产业的引进，抑制绿色经济效率的提升（方杏村等，2019）。本书利用城市当年实际使用外资金额在GDP中的占比衡量城市外商直接投资。

5.2.4.5 城市产业结构

城市产业结构（indstr）一般用来指第一产业、第二产业与第三产业在当地国民经济总量中所占据的比重，一般认为较为合理的产业结构为"三二一"结构。合理的产业结构会对绿色经济效率起到促进作用（聂玉立和温湖炜，2015；彭继增等，2019），较高的资源与污染密集型产业比重会导致环境污染、生产率下降。该指标构建方法为第二产业产值占该城市地区生产总值的比例。

5.2.4.6 城市知识溢出水平

Arrow（1970）研究发现，知识溢出水平（knl）对于经济增长具有重要作用，可以使一些相对规模较小的企业接受规模较大的企业研发投入的影响，共同提高生产效率。考虑到城市数据的可得性，本书用高等学校教师人数占总劳动人数的比例衡量城市的知识溢出水平。

本书中所有具有时间价值的变量，包括资本存量、GDP、财政支出、科技支出、第二产业产值等，都折算到以2008年为基期。当年实际使用外资金额采用人民币对美元年平均汇率换算，并用该年度CPI价格指数以2008年为基期平减。

5.2.5 变量描述性统计

上述变量的均值、方差、最小值、最大值等描述性统计信息均记录于表5-1中。

表5-1 变量的描述性统计

	变量名	变量含义	均值	方差	最小值	最大值	观测值
核心被解释变量	GEE	城市绿色经济效率	0.53	0.05	0.19	4.39	1860
被解释变量	GEEvrste	纯技术效率	0.63	0.06	0.22	4.84	1860
	GEEscale	规模效率	0.85	0.02	0.12	1.80	1860
核心解释变量	mono	城市群中心度	0.51	0.33	0.10	1.25	1860
解释变量	conc	城市群集中度	23.99	8.61	12.14	60.51	1860
中介变量	tech	城市群科技创新能力	0.00	0.00	0.01	0.01	1860
	hr	城市群人力资本水平	9.97	3.08	0.01	21.07	1860
	infra	城市群基础设施水平	4.27	1.59	0.01	9.27	1860
控制变量	nrmdegree	城市网络中心度	9.65	10.90	0.00	64.90	1860
	agg	城市经济集聚程度	0.02	0.04	0.00	0.47	1860
	market	城市市场化程度	6.67	1.49	0.01	10.29	1860
	fdi	外商直接投资	1.97	1.82	0.00	13.48	1860
	indstr	城市产业结构	50.29	9.31	0.01	85.08	1860
	knl	城市知识溢出水平	0.14	0.00	0.07	0.23	1860

5.3 模型测度与结果分析

5.3.1 面板单位根检验

本书采用我国十五个城市群186个城市的面板数据，T=10，N=186。谨慎起见，为防止不平稳面板数据有可能造成的虚假回归问题，在进行估计以前，先对所有变量进行平稳性分析和检验。本书逐一使用了四种方法对平衡面板加以单位根检验，这四种方法分别是LLC、IPS、ADF-Fisher、PP-Fisher，检验结果汇报见表5-2。

从单位根检验结果可看出，绝大部分变量均通过了1%水平的显著性检验。故此可认为本研究选取的变量数据是平稳的。

表5-2 面板数据单位根检验

变量名	LLC	IPS	ADF-Fisher	PP-Fisher
GEE	12.6179***	−25.1806***	12.1162***	20.8963***
GEEvrste	−7.4071***	−7.4071***	16.7077***	19.0991***
GEEscale	−96.4758***	−9.3764***	15.2806***	6.3462***
mono	−32.2725***	−16.5924***	21.5409***	42.6462***
conc	−18.7008***	−6.4271***	35.5435***	9.7749***
nrmdegree	−26.1631***	39.5723***	10.8920***	2.9265**
agg	−11.2190***	−25.3887***	15.9931***	2.3174**
market	−27.4722***	−21.0284***	21.5409***	1.9109**
fdi	−27.5798***	−26.2371***	16.3382***	10.7478***

续表

变量名	LLC	IPS	ADF-Fisher	PP-Fisher
indstr	−19.4610***	−19.4610***	30.9257***	32.4865***
knl	−19.1239***	−2.1489**	15.7971***	3.3787***
tech	−5.5646***	−4.0474***	13.6698***	10.9092***
hr	−26.7347***	−2.8899***	15.3518***	6.5650***
infra	−31.7418***	−11.2451***	34.0012***	8.5731***

注：***、**、*分别表示1%、5%、10%的显著性水平，下表均相同。

5.3.2 基准计量与动态面板模型估计结果与分析

5.3.2.1 估计结果

首先，本书采用面板固定效应混合最小二乘法（OLS）初步检验城市群空间结构对绿色经济效率的影响。

其次，考虑到城市群空间结构与绿色经济效率之间存在的双向因果关系与变量遗漏等内生性问题，需要寻找工具变量来缓解。

合适的工具变量应该可以解释城市群空间结构的变化，但又不能直接、间接地对绿色经济效率产生影响，亦即满足相关性与外生性两个条件。

某地的地形起伏度是天然形成的客观地理因素，由该地的海拔高度、平地面积与总面积等决定，故此认为其不直接影响绿色经济效率。同时，该指标与人口和经济的集聚程度与集聚分布应有较高的相关性（封志明等，2007），所以将其作为城市群空间结构的一个工具变量有合理性。此外，本书借鉴Wooldridge（2002）和刘修岩（2017）的做法，选取核心解释变量的一阶滞后项（$mono_{i,\,t-1}$）作为第二个工具变量，使用两阶段最小二乘法（2SLS）进行回归。

再次，考虑到绿色经济效率是一个动态演进过程，很可能有自增强效应（彭继增等，2019），故本书在静态面板基础上引入了被解释变量的一期滞后项，建立了动态面板回归模型，采用差分GMM模型（DIFF-GMM）和系统GMM模型（SYS-GMM），加入工具变量来进一步考察城市群空间结构对绿色经济效率的影响。

最后，在检验核心解释变量对解释变量影响的同时，加入核心解释变量城市群中心度的二次项，采用系统GMM模型（SYS-GMM）来检验解释变量与被解释变量之间是否存在非线性关系，基准计量模型与动态面板模型估计结果见表5-3。

表5-3　基准计量模型与动态面板模型估计结果

变量	被解释变量GEE				
	模型（1）	模型（2）	模型（3）	模型（4）	模型（5）
	OLS	2SLS	DIFF-GMM	SYS-GMM	SYS-GMM
L.GEE	—	—	0.2339***	0.7218***	0.7222***
	—	—	（0.0043）	（0.0057）	（0.0057）
mono	−0.0121*	−0.0951***	−0.1246***	−0.0796***	−0.0761***
	（0.0148）	（0.0163）	（0.0104）	（0.0016）	（0.0122）
mono^2	—	—	—	—	−0.0032
	—	—	—	—	（0.0084）
conc	0.0248*	0.0450*	0.0792**	0.0511*	—
	（0.0129）	（0.0231）	（0.0422）	（0.0108）	—

续表

变量	被解释变量GEE				
	模型（1）	模型（2）	模型（3）	模型（4）	模型（5）
	OLS	2SLS	DIFF-GMM	SYS-GMM	SYS-GMM
nrmdegree	−0.0001	−0.0004*	−0.0019***	−0.0004***	−0.0004***
	(0.0019)	(0.0007)	(0.0002)	(0.0001)	(0.0001)
agg	−0.7775**	−0.0915*	−0.1105***	−0.0578**	−0.0578**
	(0.3654)	(0.1569)	(0.0201)	(0.0227)	(0.0226)
market	0.1074***	0.0444***	0.0960***	0.0217***	0.0217***
	(0.0059)	(0.0038)	(0.0007)	(0.0005)	(0.0005)
fdi	0.0047	−0.0304***	−0.0068***	−0.0118***	−0.0118***
	(0.0036)	(0.0030)	(0.0002)	(0.0002)	(0.0003)
indstr	−0.0002	−0.0012**	−0.00261***	−0.0029***	−0.0029***
	(0.0004)	(0.0006)	(0.0002)	(0.0003)	(0.0004)
knl	0.1009***	0.0815***	0.0766***	0.0371***	0.0369***
	(0.0156)	(0.0125)	(0.0011)	(0.0008)	(0.0009)
monoconc	−0.0040*	−0.0310**	−0.1059***	−0.0791***	—
	(0.0339)	(0.0394)	(0.0153)	(0.0113)	—
Cons	−0.2107***	0.3872***	—	0.0980***	0.0975***
	(0.0449)	(0.0386)	—	(0.0027)	(0.0046)
Wald test	—	316.83***	53689.99***	364213.47***	369728.46***
AR（1）	—	—	0.038	0.016	0.016
AR（2）	—	—	0.147	0.184	0.184
Hansen test	—	—	0.715	1	1

第 5 章 城市群空间结构对绿色经济效率影响实证分析

续表

被解释变量GEE					
	模型（1）	模型（2）	模型（3）	模型（4）	模型（5）
变量	OLS	2SLS	DIFF-GMM	SYS-GMM	SYS-GMM
样本数	1860	1860	1674	1674	1674

注：圆括号内为标准误，下表皆同。

如表5-3所示模型（1）至模型（2）中放入中心度，对基准计量模型的方程（5-1）进行检验，依次使用OLS面板固定效应模型和工具变量2SLS模型。模型（1）的检验结果显示中心度的系数显著为负，集中度的系数则显著为正，二者的交乘项也显著为负，说明中心度变量的值越小，集中度变量的值越大，越能够促进绿色经济效率的提高，且当城市群呈现出的多中心结构特征越明显时，经济要素高度集中度所带来的绿色经济效率促进作用越明显。

鉴于城市群空间结构与其内部城市的绿色经济效率很有可能存在反向因果关系，模型（2）使用了城市的地形起伏度和中心度的一期滞后项作为工具变量，利用2SLS模型进行回归。第一阶段的 F 检验值大于 10，且 Cragg-Donald Wald F 统计量均大于临界值，可以排除弱工具变量问题。结果显示中心度变量的显著性有所增强，影响方向仍为负，即多中心结构对绿色经济效率的提高更为有利；集中度变量也依然为正，显著性变化不大；中心度与集中度的交乘项也显著为负且显著性增强，即多中心与高集中度对绿色经济效率的影响作用两相促进。

工具变量方法的使用前提是解释变量与被解释变量之间存在内生性，该内生性仅是基于前人理论研究进行推论所得，故需对其进行检验。对模型（1）和模型（2）进行的hausman检验结果为0.0256，在5%的显著性水平上拒绝了"所有变量均为外生"的原假设,证实了此前的推测。而hausman检验的成立需要不存在异方差,于是进行异方差稳健的DWH检验,结果仍显示mono为内生解释变量。

模型(3)和模型(4)分别使用比2SLS更有效率的差分GMM和经过Windmeijer(2005)矫正了标准误的两步法系统GMM进行动态面板模型估计,仍加入与模型(2)相同的工具变量,检验结果和模型(1)与模型(2)相似且通过了相关检验,说明城市群多中心空间结构与经济要素更为集中的空间结构的确能够对绿色经济效率的提升起到促进作用,且二者能够相互促进;核心被解释变量的一阶滞后项显著为正,显示绿色经济效率具有正向的自相关性。

考虑到城市群空间结构与城市绿色经济效率的双向因果关系较有可能造成的内生性问题、城市的绿色经济效率变化的自增强效应、数据偏误等一系列问题,两步法系统GMM模型是一个较为适合的选择。又考虑到系统GMM方法对原水平GMM模型和差分GMM模型组合起来进行估计分析,能兼顾修正未观测到的个体异质性、变量测量和遗漏、潜在内生性等问题造成的偏差,还能比差分GMM方法更好地解决短面板数据模型的弱工具变量问题,估计结果更为无偏与有效,上述实证研究在将OLS、2SLS和DIFF-GMM模型的估计结果作为参照一并列出的同时,将被解释变量的一阶滞后项作为工具变量,采用两步法系统GMM对模型进行检验,后续研究工作主要根据此法的估计结果进行汇报与分析。另外,本研究的SYS-GMM模型利用Stata 15软件的"xtabond2"命令实现。

模型(5)中加入了中心度的二次项,结果显示其他变量的显著性和影响方向变化不大,但是中心度的二次项虽为负值——提示中心度变量可能对绿色经济效率存在倒"U"形影响,但结果不显著,并不能够确切地说明中心度对绿色经济效率存在非线性影响的假设能够成立。

系统GMM方法在扰动项自相关和弱工具变量的情况下不能有效估计，需要进一步检验。首先，表5-3中的AR（1）、AR（2）分别是一阶、二阶序列相关Arellano-Bond检验的p值，Hansen test表示弱工具变量Hansen检验的p值。就模型（4）与模型（5）的检验结果而言，首先，Wald检验显著拒绝了解释变量系数为零的假设，序列相关检验显示估计结果拒绝不存在一阶序列相关（p<0.05），接受不存在二阶序列相关（p>0.05）的原假设。同时，工具变量过度识别检验结果也表明接受工具变量有效的假设，说明了模型设定的合理性和工具变量的有效性，验证了模型估计的准确性。

5.3.2.2 结果分析

从以上基准计量模型与动态面板模型的估计结果可以看出，第一，核心解释变量城市群中心度对于绿色经济效率的估计结果一致，影响系数均为负，全部显著且后四个模型在1%的水平上均通过了显著性检验。城市群中心度越小，对绿色经济效率越有利，这在一定程度上可以说明城市群多中心结构对其内部城市绿色经济效率的促进作用显著且稳健，验证了理论假设1a。正如前文所述，城市群多中心结构可能会在"互借规模"和"知识网络"的影响下，通过科技创新效应、人力资本提升效应和基础设施升级效应等促进其内部城市绿色经济效率的提高。

核心解释变量城市群中心度的二次项对绿色经济效率的回归系数为负但不显著，这一结果无法支持城市群中心度对城市绿色经济效率存在非线性影响的假设1b。

第二，解释变量城市群集中度的回归结果在10%的水平上显著为正，显示城市群经济要素的集聚程度越高对其中城市的绿色经济效率有利。

同时，核心解释变量城市群中心度与解释变量城市群集中度的交乘项显示出了在1%水平下显著为负的统计特征。这意味着在其他条件相同的情况下，经济要素集中的城市群空间结构对城市群内部城市的绿色经济效率的正向影响在多中心城市群表现得较单中心城市群更为明显；也可以解释为，同样是较为集中的空间结构，多中心对城市群内部城市绿色经济效率的促进作用相对于单中心而言更大。这一结论证实了假设1c。

原因有可能是相较于集聚程度较低的多中心结构城市群而言，经济要素集聚程度较高的多中心结构城市群增长极的辐射与扩散效应发挥得更好，各个增长极之间的小规模城市在"互借规模"效应的作用下易于获得更高收益（Alonso，1973）。同时，在多中心城市群的经济集聚也会受到动态空间外部性的影响，集聚程度不易超越城市承载力的阈值，所产生更小的集聚负外部性和更大的集聚正外部性，从而有利于绿色经济效率的提高。

第三，城市绿色经济效率一阶滞后项的回归系数显著为正，说明上一期的城市绿色经济效率能够对本期产生显著的正向影响。该影响系数达到了0.7218，说明影响力较大。这一结论验证了城市绿色经济效率具有自增强效应的假设2。

绿色经济效率的逐年累积作用的存在可能是因为上一期较好的绿色经济效率将会给下一期提供一个好的发展基础与平台，例如不断完善的体制与机制、更好的意识与习惯、管理与技术的突破等，都一般会向好发展，至少短期内不会有太大的改变，有利于下一时期的绿色经济效率进一步提高。

第四，从影响的数量关系上对比分析，可知在本书讨论的城市群结构变量中，城市群中心度对绿色经济效率的影响程度最大，城市经济集聚程度和城市群集中度的影响程度次之，城市网络中心度对绿色经济效率的影响非常小。这可能是经济集聚程度所带来的集聚正、负外部性相互抵消的结果。

于是学者们为何总是将关注与争论的焦点集中于中国到底应该发展多中心城市群还是单中心城市群上就有了答案。

第5章　城市群空间结构对绿色经济效率影响实证分析

第五，在控制变量对被解释变量的影响方面，不同计量模型的结果比较相似。除城市的外商投资在进行OLS回归时表现出较小的异质性以外，其他控制变量的回归结果都与预期一致。

城市网络中心度显著为负但影响非常小。这说明虽然城市群集聚程度越高越有利于其内部城市绿色经济效率的提高，但并不意味着城市群内部城市的网络中心度越高越有利于自身绿色经济效率的提高。居于网络中心位置的城市虽然更易于获得较为丰富的经济资源，但同时也面临着资源消耗较大，污染排放较高的窘境，很可能造成绿色经济效率的下降。也就是说，越是位于城市群经济联系网络中心位置的城市，由于经济网络密度所获得的更丰富的经济资源为其带来的经济与环境优势并不足以抵消因同样原因所发生的集聚不经济，但这一趋势有可能被扭转。

在加入工具变量进行检验后，城市的经济集聚程度显示出对绿色经济效率的较小正向影响，但是结果并不显著，说明目前城市本身的经济集聚程度高低对其绿色经济效率的影响尚不明显。这一方面可能是城市经济集聚程度所带来的集聚正、负外部性相互抵消的结果；另一方面可能是因为城市群空间结构对群内城市绿色经济效率的影响较大，抵消了城市本身集聚程度所造成的影响。

城市经济集聚程度（agg）对绿色经济效率的影响呈显著负相关，说明对城市群的内部城市本身而言，其经济集聚程度较高反而对提高绿色经济效率更为不利。这一实证结果与城市网络中心度显著为负的结果相互呼应，也验证了城市群中心城市的绿色经济效率不高的事实情况。经济要素集聚程度较高的城市有较大概率居于城市群网络的中心位置，这一优势所带来的优势人力资本、资金、技术等的集中很可能增加其经济效率，但也同样可能带来更为巨大的资源与环境消耗，继而不利于绿色经济效率的提升。

城市市场化程度（market）与该城市的绿色经济效率呈显著的正相关，

说明一个城市的市场化程度越高，资源配置效率有可能越高，越会促进绿色全要素生产率的提升。

而外商直接投资（fdi）显著为负，但影响较小，说明外商直接投资并没有对该地的绿色经济效率起到有效的促进作用。可能的一个原因是外商投资追求资本升值的动力要大于追求投资地环境向好的动力，且外商投资我国非常重要的原因之一就是追求更大的市场，所以这些投资一般会首先用于达到规模经济上，而非管理与技术升级上。另一个可能的解释依然是由于趋利性，跨国投资所带来的知识溢出主要围绕经济利益的实现，鲜有环境效益提高方面的资金、管理、技术随着外商直接投资的提高而加速输入；我国的环境管制不如发达国家严格，更是降低了外资追求绿色经济发展的意愿，即较为宽松的环境政策使得外资难以带来更有利于减少资源、能源消耗和减少污染排放的先进技术。最后，受到贸易壁垒和技术限制政策的影响，一些有价值的技术并不会随着外商投资引入国内。上述原因均有可能使得外商直接投资的力度加大反而会造成绿色经济效率的下降。

城市的产业结构（indstr）也对自身的绿色经济效率产生了消极影响，说明第二产业占比较高对城市绿色经济效率有抑制作用。第二产业占比偏高往往意味着资源、能源密集型产业较高的可能性大大提升，可能为当地带来更高的资源、能源消费量、更高的污染排放量与较低的经济产出。

城市知识溢出水平（knl）的系数在五个模型的回归中系数均稳定为正且均十分显著，说明了良好的知识溢出对于绿色经济增长具有正向促进作用。可能的原因是知识溢出可以使生产单位之间互享知识成果，共同提高生产效率，降低资源消耗和环境污染，发挥出了其对经济增长和环境改善的双重推动作用，提高了绿色经济效率。

5.3.3 作用机理与传导机制模型测度结果与分析

5.3.3.1 作用机理模型测度结果与分析

用超效率SBM模型测度的绿色经济效率可以分解为纯技术效率（GEEvrste）和规模效率（GEEscale）。为了探究城市群空间结构对绿色经济效率的影响主要是通过纯技术效率还是规模效率实现的，本书仍利用系统GMM方法测度了作用机理计量模型的方程［式（5-4）与式（5-5）］。具体测度结果如表5-4的第一、第二列的模型（1）与模型（2）。

首先，验证估计的有效性。Wald检验在1%的显著水平下显著拒绝了解释变量系数为零的假设，序列相关检验显示AR（1）<0.1，拒绝不存在一阶序列相关的原假设，AR（2）>0.1，接受不存在二阶序列相关的原假设。同时，Sargan检验的p值为1，表明接受原假设。

关于作用机理模型的测度结果与理论分析，首先，表5-4的模型（1）和模型（2）中，被解释变量一阶滞后项的系数均非常显著，说明上一期的纯技术效率和上一期的规模效率会分别对下一期的纯技术效率和规模效率产生效率叠加。这一结论也从一个侧面验证了假设2，即城市绿色经济效率具有自增强效应。

规模效率一阶滞后项的系数为0.6506，纯技术效率一阶滞后项的系数为0.0459，说明规模效率比纯技术效率的自增强效应更为明显，也就是说前一期的规模效率对本期规模效率产生的正向推动作用要远高于前一期纯技术效率对本期技术效率产生的正面影响。

表5-4 作用机理模型估计结果

被解释变量		
解释变量	模型（1）	模型（2）
	GEEvrste	GEEscale
L.GEEvrste	0.0459***	—
	（0.0045）	—
L.GEEscale	—	0.6506***
	—	（0.0225）
mono	−1.7981***	−0.8937***
	（0.6190）	（0.3105）
conc	0.0986***	0.0317***
	（0.0222）	（0.0107）
nrmdegree	0.0001**	0.0004***
	（0.0003）	（0.0002）
agg	0.0461***	0.0598***
	（0.0013）	（0.0034）
maket	0.0288***	0.0158***
	（0.0533）	（0.0200）
fdi	−0.9243***	0.0184**
	（0.0479）	（0.0079）
indstr	−0.0181***	−0.0019*
	（0.0039）	（0.0018）

续表

解释变量	被解释变量	
	模型（1）	模型（2）
	GEEvrste	GEEscale
knl	0.1059***	0.0791***
	（0.0153）	（0.0113）
Wald test	1793.80	3026.15
	［0.000］	［0.000］
AR（1）	0.030	0.011
AR（2）	0.192	0.168
Sargan test	1	1
样本数	1674	1674

注：表中方括号内为统计量的概率。

其次，从中心度对两个被解释变量纯技术效率和规模效率的影响来看，影响方向完全一致，显著性相似，系数也较为接近。这说明城市群中心度越小，对纯技术效率和规模效率均更为有利，验证了假设3a。

在偏向多中心的城市群中，能够发挥规模经济的增长极更多，且在达到相同规模经济的同时，资源更能够有效配置和利用，造成的污染更少。同时，多中心城市群的经济集聚分布在多个中心城市中，更易形成多个知识研发中心。因为同一城市群中存在多个中心城市，根据点—轴渐进扩散理论，各中心城市之间经济辐射的轴连通性更好，这些知识研发中心更易形成知识网络，从而达到"1+1>2"的效果，更有利于促进纯技术效率的提升。

本书将这种多中心城市群更易催生知识溢出与共享网络的效应称为"知识网络"效应。在"知识网络"效应与"互借规模"效应的共同作用下，不仅城市群的中心城市的管理与技术更有可能取得进步，各中心城市间的次级城市也更有可能获得知识溢出，分享到管理与技术进步带来的效率提高，最终整个城市群纯技术效率得以有效提高。

再次，集中度对纯技术效率和规模效率的影响依然显著为正，且与中心度相类似，其对纯技术效率的影响更大，说明经济要素在城市群中越集中，对纯技术效率和规模效率的提升均更为有利，验证了假设3b，高集聚度城市群结构更有利于纯技术效率和规模效率的提升。

可能的解释是城市群中经济要素的集聚更有利于形成强力的增长极，能够吸引更多的人才、资金与技术，推动管理与技术进步，并随着扩散效应与周边城市形成知识共享，从而加速推动纯技术效率的进步。

最后，控制变量对两个解释变量的影响大部分与对绿色经济效率的影响非常类似，只有城市外商直接投资这一变量较为特殊。该变量对纯技术效率的回归系数显著为负，对规模效率的回归系数显著为正，且前者较后者有着更大的绝对值。这说明较高的城市外商直接投资阻碍了纯技术效率的提升，促进了规模效率的增加，且阻碍作用大过于促进作用。这一结论印证了5.3.2.2节结果分析部分，对城市外商直接投资的增长何以阻碍绿色经济效率增加的解释，即基于趋利性假设，外商投资我国的重要原因之一是追求更大的市场与享受更多的规模经济，用于管理与技术进步的投资较少。

从城市群结构对绿色经济效率作用机理的模型测度与结果分析可知，多中心和高集中度的城市群空间结构更有利于纯技术效率和规模效率的提升；城市群中心度和集中度对纯技术效率的影响力度大于它们对规模效率的影响；城市群空间结构通过影响纯技术效率和规模效率，继而对绿色经济效率产生影响，且通过纯技术效率对绿色经济效率产生的影响更大。

第5章 城市群空间结构对绿色经济效率影响实证分析

5.3.3.2 传导机制模型测度结果与分析

根据前文分析，城市群多中心结构对绿色经济效率的促进作用可能是在"互借规模"的作用下，通过科技创新、人力资本提升、基础设施升级三大效应发生的。表5-5的模型（1）到模型（6）试图通过检验传导机制计量模型的式（5-7）和式（5-8），从而验证理论假设3。鉴于城市群中心度对于绿色经济效率的影响已在前文中得到验证，被解释变量的自增强效应也并非研究的关注点，且囿于表格版式设计的限制，式（5-6）的测度结果和被解释变量的一阶滞后项未在表5-5中列出。

表5-5 传导机制模型测度结果

中介效应	科技创新效应		人力资本提升效应		基础设施升级效应	
	模型（1）	模型（2）	模型（3）	模型（4）	模型（5）	模型（6）
估计阶段 被解释变量	第二阶段 tech	第三阶段 GEE	第二阶段 hr	第三阶段 GEE	第二阶段 infra	第三阶段 GEE
M	—	-1.1321*	—	3.8374***	—	0.0077***
	—	（0.6362）	—	（0.1943）	—	（0.0006）
mono	0.0022***	-0.2092***	0.0162***	-0.2708***	-0.0906***	-0.2126***
	（0.0010）	（0.0042）	（0.0005）	（0.0062）	（0.0114）	（0.0053）
nrmdegree	0.0041***	0.0001	0.0005***	0.0005***	0.0359***	0.0004***
	（0.0004）	（0.0002）	（0.00001）	（0.0002）	（0.0003）	（0.0002）
agg	0.0058***	-0.3082***	0.0040***	-0.3036***	1.5956***	-0.3488***
	（0.0079）	（0.0634）	（0.0007）	（0.0633）	（0.1570）	（0.0599）
market	0.0006***	0.0589***	0.0091***	0.0620***	0.4842***	0.0542***
	（0.0001）	（0.0006）	（0.0001）	（0.0005）	（0.0010）	（0.0006）

续表

中介效应	科技创新效应		人力资本提升效应		基础设施升级效应	
	模型（1）	模型（2）	模型（3）	模型（4）	模型（5）	模型（6）
估计阶段 被解释变量	第二阶段 tech	第三阶段 GEE	第二阶段 hr	第三阶段 GEE	第二阶段 infra	第三阶段 GEE
fdi	0.0005***	−0.0280***	−0.0070***	−0.0257***	−0.0721***	−0.0276***
	（0.0001）	（0.0004）	（0.0001）	（0.0003）	（0.0006）	（0.0004）
indstr	−0.0024***	−0.0010***	−0.0004***	−0.0011***	−0.0034***	−0.0010***
	（0.0001）	（0.0000）	（0.0001）	（0.0000）	（0.0001）	（0.0000）
knl	0.0042***	0.0754***	0.0021***	0.0657***	1.2110***	0.0650***
	（0.0006）	（0.0014）	（0.0002）	（0.0013）	（0.0045）	（0.0011）
Cons	−0.0017***	0.3368***	0.0234***	0.2447***	1.2503***	0.3317***
	（0.0001）	（0.0062）	（0.0009）	（0.0069）	（0.0139）	（0.0055）
Wald test	78648.41***	17433.80***	32126.57***	42491.30***	41211.10***	15375.40***
AR（1）	0.025	0.032	0.005	0.032	0.000	0.032
AR（2）	0.500	0.221	0.101	0.220	0.218	0.219
Hansen test	1.000	1.000	1.000	0.814	1.000	1.000
样本数	1860	1860	1860	1860	1860	1860

首先，从表5-5的第一列和第二列可以看出，城市群中心度对城市群科技创新能力的影响系数显著为正，城市群科技创新能力对绿色经济效率的影响系数显著为负，说明偏向单中心的城市群结构更能促进科技创新能力的提升，城市群科技创新能力的增加反而对绿色经济效率的提高不利。这一结论证伪了假设4a。

单中心的城市群结构更有利于科技创新能力提升的原因可能在于单中

第5章 城市群空间结构对绿色经济效率影响实证分析

心城市群更有利于形成强有力的增长极，集聚更多更优质的人力资本，资金也相对充足，有利于促进城市群的科技创新水平的提升。而城市群科技创新能力的增加对绿色经济效率产生不利影响的原因可能在于本书利用城市群地方财政科学技术支出占其当年GDP总额的比值来表征科技创新能力，而目前该项支出更多地运用于提高生产效率和取得规模效益等方面，较少地运用于减少资源消耗和提升环保力度等方面，造成城市群地方财政科学技术支出占比越大，对经济效率的促进作用越大，同时对其造成的资源过度消耗和环境加剧污染未能有效遏制，从而降低了绿色经济效率。

其次，表5-5的第三、第四列反映出单中心结构更有利于提升城市群人力资本水平，而较高的人力资本水平的确有利于绿色经济效率的提升。这一结论证伪了假设4b。

最后，表5-5中的模型（5）的测度结果表明多中心城市群空间结构对促进城市群基础设施水平的提升更为有利；模型（6）的测度结果则表明较高的城市群基础设施水平能够促进城市群绿色经济效率的提升。这一结论验证了假设4c。

从而可以得出结论，城市群中心度主要是通过其基础设施水平的提高作为中介变量，作用于其内部城市的绿色经济效率，证实了基础设施升级效应的存在。

5.3.4 稳健性检验

为了检验上述结果是否稳健，即城市群中心度对绿色经济效率的影响是否为促进作用，本书利用面板分位数模型、替换核心被解释变量和替换核心解释变量的方法进行了稳健性检验。

5.3.4.1 面板分位数稳健性检验

用面板分位数模型检验空间结构对于不同绿色经济效率水平城市的影

响，结果如表5-6所示。

表5-6 稳健性检验结果测度

	面板分位数模型					SYS-GMM	SYS-GMM
	模型（1）	模型（2）	模型（3）	模型（4）	模型（5）	模型（6）	模型（7）
被解释变量	GEE	GEE	GEE	GEE	GEE	GEE1	GEE
解释变量	Q=0.1	Q=0.25	Q=0.50	Q=0.75	Q=0.90	—	—
L.GEE	—	—	—	—	—	—	0.7603***
	—	—	—	—	—	—	（0.0041）
L.GEE1	—	—	—	—	—	0.8247***	—
	—	—	—	—	—	（0.0062）	—
mono	−0.0528***	−0.0481***	−0.0200***	−0.0911***	−0.1662***	−0.0241***	—
	（0.0075）	（0.0035）	（0.0033）	（0.0006）	（0.0072）	（0.0016）	—
mono1	—	—	—	—	—	—	−0.0021***
	—	—	—	—	—	—	（0.0001）
nrmdegree	−0.0006***	−0.0014***	0.0023***	−0.0025***	0.0035***	−0.0001***	−0.0007***
	（0.0003）	（0.0001）	（0.0007）	（0.0001）	（0.0440）	（0.0001）	（0.0001）
agg	−0.0003***	−0.0220***	−0.0316***	−0.3011***	−1.6125***	−0.1325***	−0.0407***
	（0.0684）	（0.0381）	（0.2040）	（0.0184）	（0.1988）	（0.0190）	（0.0158）
market	0.0433***	0.0431***	0.0455***	0.0441***	0.0700***	0.0066***	0.0156***
	（0.0025）	（0.0006）	（0.0050）	（0.0003）	（0.0030）	（0.0003）	（0.0004）

续表

	面板分位数模型					SYS-GMM	SYS-GMM
	模型（1）	模型（2）	模型（3）	模型（4）	模型（5）	模型（6）	模型（7）
被解释变量	GEE	GEE	GEE	GEE	GEE	GEE1	GEE
解释变量	Q=0.1	Q=0.25	Q=0.50	Q=0.75	Q=0.90	—	—
fdi	−0.0094***	−0.0181***	0.0040***	−0.0254***	−0.0180***	−0.0059***	−0.0041***
	（0.0051）	（0.0005）	（0.0017）	（0.0002）	（0.0036）	（0.0001）	（0.0002）
indstr	−0.0001***	−0.0004***	−0.0003***	−0.0006***	−0.0007***	−0.0003***	−0.0002***
	（0.0003）	（0.0002）	（0.0001）	（0.0000）	（0.0002）	（0.0000）	（0.0000）
knl	0.0230***	0.0437***	0.0204***	0.1586***	0.1341***	0.0025**	0.0333***
	（0.0027）	（0.0030）	（0.0128）	（0.0007）	（0.0136）	（0.0006）	（0.0005）
Cons	—	—	—	—	—	0.1076***	0.1082***
						（0.0041）	（0.0036）
Meanacceptance rate	0.286	0.234	0.314	0.184	0.439	—	—
Waldtest	—	—	—	—	—	67222.45***	108000.00***
AR（1）	—	—	—	—	—	0.008	0.015
AR（2）	—	—	—	—	—	0.170	0.182
Hansen test	—	—	—	—	—	1.000	1.000
样本数	1860	1860	1860	1860	1860	1674	1674

其中的模型（1）至（5）分别为在绿色经济效率的10%、25%、50%、75%、90%分位点上的回归。结果显示，在不同分位点上多中心空间结构对绿色经济效率的提升作用都相对稳健，说明对于处于不同绿色经济发展阶段的中国城市群，多中心的城市群空间结构都会促进其内部城市绿色经济

效率的提高。

另外，从各分位点的回归系数可以看出，城市群中心度对绿色经济效率的影响系数经历了一个由小到大再变小的过程，间接验证了没有在5.3.2.2节中得到验证的假设1b，即城市群中心度对绿色经济效率存在非线性的影响。

这说明在城市群多中心程度适中时，其对绿色经济效率的促进作用更大。有可能是因为当城市群的多中心程度适中时，经济活动在城市群多个中心城市的集聚也较为适度，于是集聚正外部性会带来经济水平的提高，还有可能在"知识网络"效应的作用下通过更多的技术创新，在"互借规模"效应的作用下通过更多的辐射与共享，从而带来更多正的环境外部性，抵消了集聚负外部性的影响。当多中心程度过低，城市群内较易呈现经济活动在一地集聚的局面，可能会因为生产规模增加而加速资源消耗和污染排放（Ren等，2003），还可能引致集聚拥堵效应，带来基础设施不足、恶性竞争加剧等情况，减缓经济增长（Brakman等，1996）。而对于目前我国的城市群而言，多中心程度过高则往往意味着经济活动较为分散，没有有力的增长极促进经济发展和环境治理。

5.3.4.2 变量替换稳健性检验

模型（6）使用替换被解释变量的方法进行了稳健性检验。本书使用原有绿色经济效率测度指标体系中的投入与产出变量，借鉴徐永辉和匡建超（2019）的做法，利用VRS-DEA模型重新测度了绿色经济效率指标并命名为GEE1，将原有使用超效率SBM模型测度的绿色经济效率指标加以替换。

模型（7）使用替换核心解释变量的方法进行了稳健性检验。本书借鉴刘修岩等（2017）的做法测度了四城市首位度，并将其作为城市群中心度的替代衡量指标，用mono1表示。

分别替换了被解释变量与核心解释变量的测度结果依旧显示，多中心城市群结构对绿色经济效率有显著促进作用。这一结果证明本书得到的主要结论是稳健可靠的。

5.4 本章小结

本章主要对城市群空间结构是否以及如何对绿色经济效率产生影响进行了实证研究。

首先，基于第二章的理论假设，本书建立了指标体系，构建了实证模型，在对比分析相关计量方法的优缺点与适用性并进行检验之后，最终选择了系统GMM模型进行实证研究。

其次，通过实证研究，本章得出了七个主要结论：第一，多中心的城市群空间结构更有利于绿色经济效率的提高；第二，绿色经济效率的逐年累积作用都是存在的；第三，城市群集中度越高，越能显著提升其内部城市的绿色经济效率；第四，多中心与高集中度存在互相促进的关系；第五，中心度对绿色经济效率的影响程度比集中度对绿色经济效率的影响程度更大；第六，在城市群空间结构对绿色经济效率影响的作用机理方面，多中心和高集中度对纯技术效率和规模效率均有促进作用，但最主要是通过影响纯技术效率，从而影响绿色经济效率；第七，城市群中心度主要是通过促进其基础设施水平的提高作用于其内部城市的绿色经济效率。

第6章 主要结论与对策建议

6.1 主要结论

6.1.1 关于我国城市群发展现状的主要结论

我国城市群的经济发展持续向好。人口与经济规模普遍不断扩大，大部分城市群增速较快，产业结构日趋合理。

在绝大部分城市群的影响力有所增加，内部城市间的通行便利度有所提升的前提下，我国城市群的经济联系强度全部呈上升趋势；从经济总量、增长速度、产业结构和影响力等方面进行考察，各大城市群发展得虽不是非常平衡，但均明显呈现出不断向好的发展趋势；我国城市群人口规模和经济规模不断扩大，经济密度和城市间经济联系不断提升和增强，社会、经济发展势头良好。

我国城市群处在城市群空间结构自优化理论中的城市群成长与发展阶段。

6.1.2 关于我国城市群空间结构及其演变特征的主要结论

我国城市群发展势头良好，人口规模和经济规模不断扩大，经济密度不断提升，城市间经济联系不断增强，处在城市群空间结构自优化理论中的城市群成长与发展阶段。

我国城市群显示出了向多中心结构逐渐发展的总体趋势。兰州-西宁、中原、呼包鄂榆和山西中部的集中度较高，山东半岛、长江中游、京津冀、长三角和成渝的经济要素分布较为均匀，分散程度较高。我国大部分城市群偏向多中心空间结构，表现出不断向更为多中心结构变化的趋势，且中心度逐渐下降的趋势与城市群经济发展不断向好的趋势较为契合。

大多数城市群的集中度指标数值有所增加，集聚程度降低的城市群多属于跨省城市群，从一个侧面反映出行政壁垒对城市群经济要素的集聚造成了一定的障碍。

6.1.3 我国城市群内部城市绿色经济效率及其演变特征的主要结论

我国十五个城市群内部城市的绿色经济效率整体情况不如人意，但呈现持续提高的趋势，近两年增速较快，城市间绿色经济效率的差距较明显，但该差距正在不断缩小。

大部分城市的纯技术效率比规模效率低。纯技术效率和规模效率均不断增长，且纯技术效率的增长更为明显。绿色经济效率的波动受到纯技术效率的影响更多，而规模效率则起到了支撑作用。要提高各城市群内部城市的绿色经济效率，稳定发展规模效率是基础，提高纯技术效率是关键。

初步判断，绿色经济效率的高低与城市群发展水平相关性不高；绿色经济效率、纯技术效率、规模效率的发展趋势与我国城市群空间结构的发展趋势有一定相关性。

6.1.4 关于城市群空间结构影响城市绿色经济效率的主要结论

第一，城市绿色经济增长具有外部性。如前所述，大部分相关研究利用城市群空间结构对该城市群自身经济效率具有显著影响这一点，做出了城市的经济增长存在外部性的推断，这一推断过程在逻辑上并不十分严谨。本书受到Huang Y.等（2018）的启发，验证了城市群空间结构对其内部各个城市的绿色经济发展产生的显著影响，并据此做出城市绿色经济增长具有外部性这一结论。

第二，多中心、高集中度的城市群空间结构更有利于促进绿色经济效率的提高。城市群中心度对城市绿色经济效率有显著的负向影响，集中度对城市绿色经济效率有显著的正向影响，二者对绿色经济效率的促进作用可以同期叠加，中心度对绿色经济效率的影响程度比集中度对绿色经济效率的影响程度更大。这也就是说，城市群内的经济要素与经济活动的集聚越高，且越是更多地分布于其中不同的中心城市，则城市群内部城市的绿色经济效率越高。高度的经济集聚扩散到更大的范围，就能通过"互借规模"与"知识网络"效应，促进绿色经济增长在区域内多个城市间实现共享。

第三，绿色经济效率、纯技术效率和规模效率均具有较强的自增强效应，规模效率的自增强效应比纯技术效率的自增强效应更为明显。

第四，多中心、高集中度分布对纯技术效率和规模效率有促进作用，但最主要是通过影响纯技术效率，从而影响绿色经济效率。

第五，城市群中心度主要是通过促进其基础设施水平的提高作用于其内部城市的绿色经济效率。

第六，越接近城市群经济联系网络中心的城市，其绿色经济效率不一定越高，但可通过减少环境污染扭转这一趋势。城市的经济集聚程度、市场化程度、产业结构优化程度和知识溢出水平对绿色经济效率的提高更为有利，而城市外商直接投资并没有对该地的绿色经济效率起到有效的促进作用。

6.2 城市群空间结构优化与绿色经济效率提高对策建议

根据经济增长理论、经济集聚理论、经济集聚空间结构理论与城市群空间结构自优化理论，从历史的角度来看，在绿色经济的发展过程中，城市群内部经济集聚所形成的空间结构会对绿色经济效率产生影响，当城市群空间结构不利于绿色经济效率的提高，其会通过增长极加速培育、集聚不经济调节与城市群等级优化这三大城市群空间结构自优化效应，对自身加以调整，最终通过提高绿色经济效率获得可持续发展能力。但由于城市群空间结构自优化效应是一个从量变到质变的历史进程，起效非常缓慢，需要合适的外力助推。

本书的主要结论为我们指明了一个有助于绿色经济发展的政策制定与施行方向。现提出五条对策建议。

6.2.1 加速城市群自优化效应

本书得出了多中心、高集中度的城市群空间结构更有利于促进绿色经济效率提高的结论，依据这一结论，本书提出助力城市群向多中心、高集聚结构发展，加速城市群自优化效应的对策建议。

首先，我国主要城市群中符合多中心、高集聚度特征的城市群仅有呼包鄂榆、辽中南、珠三角城市群。其中，城市绿色经济效率均值有效的只有呼包鄂榆。其他两个城市群的空间结构较为有利，但尚未完全发挥出其提升绿色经济效率的作用。

近年来，辽中南城市群的经济与人口增长率连年下降，经济总量、工业总产值、资本存量也都有不同程度的减少，"三废"排放下降幅度较大，可见该城市群绿色经济效率不高的主要原因不在于城市群空间结构，而在于经济总量和经济效率的下降。珠三角城市群2017年的城市绿色经济效率均值是0.81，创历年来新高，但仍未达到有效，说明该城市群的绿色经济效率较高，但仍有一定提升空间。该城市群经济指标稳步增长，但"三废"排放数值有所波动，应首先力求降低污染排放，提高绿色经济效率。

对于双中心、高集聚城市群，应在知识与技术创新上多下功夫，发挥多中心城市群的"知识网络"效应。在"知识网络"效应的作用下，城市群多个中心城市的知识研发中心形成网络，再通过"互借规模"效应惠及中心城市间的次级城市，最终提高整个城市群的绿色经济效率。

其次，符合高集聚—单中心特征的有山西中部、中原和兰州-西宁城市群，三个城市群2017年的平均城市绿色经济效率分别为0.53、0.74和0.69，城市群集中度分别达到36.52、45.03和48.10。

这说明这三个城市群绿色经济效率有提升空间，存在虽然经济集聚程度较高，但中心城市较少的问题，城市群空间结构有待优化。这一问题可能使得中心城市出现交通拥堵、污染严重、经济运行效率降低、城市服务低效和集聚扩散效应减弱等情况，降低绿色经济效率。

此时应双管齐下，一方面推动技术进步和创新，加强城市的治理与基础设施建设配套，缓解集聚不经济。技术进步与创新在一定范围和时期内能够对单中心城市群过度集聚造成的绿色经济效率下降问题起到一定的缓解作用。另一方面适时采取措施将中心城市的经济集聚向周边城市转移，培育次级城市，推动城市群等级优化效应。

城市群的发展就是一个集聚经济与集聚不经济的互动过程。当城市群的集聚不经济持续累积，中心城市的扩散效应与集聚效应会被阻塞。此时，增长极的集聚程度达到其承受阈值，城市群等级优化效应的作用会通过转移经济集聚和培育次级中心城市着重显现出来。这样做不仅有利于增加集聚经济，抵消集聚不经济对中心城市和城市群整体发展带来的影响，还有利于增加城市群空间结构的柔性，以便培育新的增长极。

再次，低集聚—线多中心空间结构的城市群有京津冀、哈长、长三角、海峡西岸、长江中游、山东半岛、北部湾，它们的绿色经济效率都不低，但仍有进一步提升的空间。

其中，一方面，哈长、长江中游、山东半岛、海峡西岸和北部湾城市群的主要问题是在未达到高集中度之前就已经形成了多中心结构的城市群，中心城市的经济集聚程度不高，应首先采取措施建立科学的管理服务体系，推动技术创新，加强政策的导向性，使得增长极加速培育效应尽快显效，以打造强力增长极。另一方面，京津冀和长三角则有多个中心城市，主要中心城市的经济集聚度高，但次级中心城市的经济集聚度较低。此时应采取的措施是在缓解主要中心城市的集聚不经济的同时，加速次级中心城市的经济集聚。

最后，低集聚—单中心的城市群不多，有成渝和关中平原城市群。它们存在集聚度不高且中心城市单一的问题，因为一边提高集聚程度，一边打造次级中心城市需要短期内有着较大的资本与政策支持，不是很切合实际情况，所以本书不建议同时解决这两个问题。

增加已有中心城市的经济集聚程度，打造强力增长极之后，再利用其增强的集聚与扩散效应打造次级中心城市是一个较好的选择。此时由于城市群的集聚程度不高，集聚经济大于集聚不经济，采取合理措施促进知识、学习与创新的聚集与扩散、环境政策的完善、能源利用效率的提高，城市群的增长极加速形成效应得以快速显现。

此时可以逐渐在城市群内部完善大、中、小城市结构层次体系，优化城市群等级梯度形态，使城市群空间结构更具柔性。只有让增长极的扩散效应次第延伸，才能使经济与知识技术溢出更为顺利。不能等到发现增长极的集聚程度逼近阈值，规模不经济已经超越规模经济时，才进行第二中心的打造。在科学的管理服务体系、技术创新与政策导向的基础上，才能更为有效地实施多中心战略，向次级城市输出集聚的经济要素，稳扎稳打地打造下一个增长极。

6.2.2 善加利用绿色经济效率的自增强效应

绿色经济、纯技术效率和规模效率有自我增强的效应，上一期绿色经济的向好发展能够对当期发展起到促进作用。所以应善于利用该效应，不断优化城市群空间结构，完善相关体制与机制、培养良好的意识与习惯、促进管理与技术的创新，制定持续而长久的绿色经济促进政策，例如采取措施将资源与污染等纳入成本体系，利用市场机制进行生态资源、环境资源的配置，大力发展生态产业，在产业层面将绿色发展与经济效益具体结合等，使得本期较高的绿色经济效率为下一期提供一个优化的发展基础与平台，为绿色经济效率的持续提高创造良好条件。

6.2.3 在稳步提升规模效率基础上提高纯技术效率

城市群绿色经济效率的波动受到纯技术效率的影响更多一些，而规模效率起到了较为稳定的支撑作用。因为规模效率的自增强效应比纯技术效率的自增强效应更为明显，要提高我国各城市群内部城市的绿色经济效率，稳定发展规模效率是基础，提高纯技术效率是关键。技术进步驱动不足是我国城市群内部城市绿色经济效率不高的主要原因，提高绿色经济效率主要应从为管理与技术的进步提供良好条件着手，促进"知识网络"效应和"互借规模"效应，使得城市群形成有效的知识研发网络并作用于次级城市，不断提高整个城市群的纯技术效率。

6.2.4 稳步、有规划地进行基础设施建设

基础设施建设水平是城市群中心度对绿色经济效率产生影响的中介变量，也就是说，提高基础设施建设的力度与水平，有助于多中心、高集聚城市群绿色经济效率的提高。

基础设施建设力度与水平的提高能够带来更为便捷高效的交通与通信条件，增强城市群内部城市间的经济联系能力，打通集聚与扩散效应的通道，提高经济要素的配置效率，继而提高绿色经济效率。但在基础设施建设的过程中一定要注重合理规划，均衡建设，避免造成建设过度或建设不均，导致基础设施利用率降低，城市管理成本增加，环境污染加剧与生态破坏等问题，阻碍优化的城市群空间结构对绿色经济效率的提升作用。

6.2.5 综合施策提升绿色经济效率

通过降低行政壁垒造成的负面影响，提高城市群中城市内部的经济集聚程度，提高市场化程度，大力发展服务业，提高城市的知识溢出水平等相关措施，从而有效地提升城市的绿色经济效率。

第7章 创新之处与研究展望

7.1 研究的创新之处

本书在前人的文献基础上，力求做到一点点创新，现将创新点阐述如下。

第一，将研究问题的着眼点放在城市群空间结构对其内部城市绿色经济效率的影响是创新点之一。

经过文献梳理可知，针对城市群空间结构对相关经济效率影响的研究并不十分丰富，而针对城市群空间结构与相应绿色经济效率相关性的研究则基本上是一个崭新的着眼点。

第二，提出城市群空间结构自优化理论及其三大城市群空间结构自优化效应，包括增长极加速形成效应、集聚不经济调节效应与城市群等级优化效应，只有施行正确的措施推动这些效应，才能够加速城市群空间的自优化速度，提高绿色经济效率。这是本研究的一个理论创新。

第三，提出"知识网络"效应。本书将这种多中心高集聚城市群更易形成多个知识研发中心，并催生知识溢出、网络共享的效应定义为"知识网络"效应。集聚度高的城市群拥有更大量优质的人力资本、知识储备与研发能力，这些良好条件会促生大量知识研发中心。根据点—轴渐进扩散理论，多中心城市群各中心城市之间经济辐射的轴更多，且高集聚城市群的多个中心城市之间轴的连通性更好，于是这些知识研发中心更易形成知识网络，从而在"互借规模"效应的作用下发挥出系统作用，提升城市群整体的绿色经济效率。

第四，本书通过对城市群空间结构对其内部城市绿色经济效率具有显著影响加以验证，证明了绿色经济增长具有外部性，对经济增长理论进行了验证与补充，是一个理论创新点。

目前的研究多利用城市群空间结构对其经济效率具有的显著影响做出城市经济存在外部性的推断，部分学者（Huang等，2018）认为这一推断过程并不十分严谨。城市群空间结构正是经由其内部城市之间的经济交互形成的，证明了城市所在城市群的空间结构能够对城市的绿色经济效率产生显著影响，于是推导出了城市绿色经济增长具有外部性这一结论。

第五，本书将利用SNA方法测度出的城市群结构变量与其他变量一起构建面板数据模型进行实证研究。这一做法是一个创新点。

在研究对象为城市群结构的文献中，有一些利用社会网络分析（SNA）方法进行研究的，但均止步于对城市群结构的剖析阶段。本书利用社会网络分析（SNA）方法测度出的城市中心度指标，并与其他变量一起构建面板数据模型，进行进一步的计量与空间计量研究。

7.2 不足之处与展望

本书通过文献研究与梳理、现状与特征描述和实证分析，对我国城市群多中心—单中心空间结构对绿色经济效率的影响作用进行了探索性分析，在一定程度上完成了研究目标的设定，但囿于作者理论与实践知识的不足、基础数据的缺失等，研究尚存诸多不足。同时，经济理论深似大海，还有许多想要研究的相关问题没有能在本书中加以探讨。这些不足与遗憾可以留作今后努力的方向。

第一，本书中的城市群空间结构主要指的是城市群内部经济集聚分布状态与经济集聚程度，并未涵盖所有城市群空间结构的相关变量，将来还可以研究城市群内部空间竞争结构、职能结构等变量对其绿色经济效率的影响。

第二，本书采用现实模拟的方法建立模型，由于一些精确数据的可得性较低，或一些数据的发布时间段不在研究所需的时间范围内，模拟得出的结果不可能达到现实的精确度。例如，在绿色经济效率的测度方面，加入尽可能多的经济、环境投入产出变量会使该效率的测度更为精确，但利用现有测度方法得出的结果也将更为不平稳，会造成实证研究的困难，所以权衡之后留下了最为重要的数据信息。本书在测度城市网络中心度时，采用公路通勤最短时间距离代替两城间的实际距离加入模型，在一定程度上缓解了物理距离对通勤便利条件的失真反映，但未将铁路、航空等通行方式涵盖在内。百度指数也是反映城市重要性的一个很好的指标，但苦于PC端与移动端数据开始发布的年份不同，后者始发时间不在本书的时间范围内，所以只能留待未来的研究使用。本书也曾尝试利用夜间灯光数据进行城市群结构的研究，但两颗卫星数据拟合连接的问题至今未能稳妥解决，以至于2013年前后数据不能连续。今后技术更成熟时，可以尝试这方面的研究。

在未来的研究中如果可以尝试利用更为精确的数据，更为合适的方法，建立更为全面与系统的研究模型，将能做出更为完善的研究。

第三，对城市群结构和绿色经济效率的测度有多种方法，在同一研究问题上利用不同方法进行研究得出的结论不一定相同。利用相同的数据、各种不同的方法和模型对比其结果异同，应该是一项有趣有益的尝试。

在未来的研究中，可以将城市群空间结构对经济效率影响和对绿色经济效率影响的对比作为研究的主要问题。

第四，由于地市调整、统计方法、数据获取难度等方面的原因，本书使用了2008至2017年度的数据进行研究。将来如果能把研究时段向前、后拓展，合整体研究与分段研究于一文，将能更好地展示我国城市群在产生、发展与成熟阶段的空间结构和绿色经济效率演变全貌，更为系统地研究其对绿色经济效率的影响机制。

第五，由于本书所建立的指标体系中，新疆维吾尔自治区的数据较为缺乏，故没有将天山北坡城市群纳入研究对象范围之内。作为我国最大的省级地域，以地处新疆维吾尔自治区的城市群为研究对象的绿色经济增长理论研究非常缺乏。今后笔者将尝试建立更为适合的指标体系进行该项研究，为边疆地区的经济发展献出一己微薄之力。

本书最后根据研究结论提出了一些政策措施，试图为将我国城市群发展引向既注重经济实效，又能长期可持续发展的道路上的努力提供理论支撑，力求科研报国。但政策的实施成本、施行难度等确实不是笔者的专长所在，难免纸上谈兵，故在具体操作时应权衡施用。

参考文献

[1] 白洁,夏克郁.政府干预、区域差异与绿色经济效率测度——基于长江经济带107个地级及以上城市的数据[J].江汉论坛,2019,(7):21-27.

[2] 贝金塔,李浩,华珺,等."Megalopolis"与戈特曼、芒福德和格迪斯:争论仍在继续[J].国际城市规划,2007,22(5):8-16.

[3] 蔡宁,丛雅静,吴婧文.中国绿色发展与新型城镇化——基于SBM—DDF模型的双维度研究[J].北京师范大学学报:社会科学版,2014,(5):130-139.

[4] 曹炜威,杨斐,官雨娴,等.成渝经济圈城市群的经济联系网络结构[J].技术经济,2016,35(7):52-57+128.

[5] 陈良文,杨开忠,LIANGWEN,等.集聚与分散:新经济地理学模型与城市内部空间结构、外部规模经济效应的整合研究[J].经济学:季刊,2008,(1):53-70.

[6] 陈金英.中国城市群的空间结构对经济效率的影响研究[C].中国地理学会经济地理专业委员会.2017年中国地理学会经济地理专业委员会学术年会论文摘要集.中国地理学会经济地理专业委员会:中国地理学会,2017:160.

[7] 崔大树,樊晏.基于SNA的浙中城市群空间经济结构演变的网络特征分析[J].产业经济评论,2013,12(2):129-138.

[8] 崔功豪.中国城镇发展研究[M].北京:中国建筑工业出版社,1992.

［9］董黎明.中国城市化道路初探［M］.北京：中国建筑工业出版社，1989.

［10］杜震，卫平.集聚经济、外部性治理与城市工业排放效率［J］.城市问题，2014，（10）：23-28+71.

［11］范剑勇.产业集聚与地区间劳动生产率差异［J］.经济研究，2006（11）：72-81.

［12］方创琳，宋吉涛，张蔷，等.中国城市群结构体系的组成与空间分异格局［J］.地理学报，2005，60（5）：827-840.

［13］方创琳，祁魏锋，宋吉涛.中国城市群紧凑度的综合测度分析［J］.地理学报，2008，63（10）：1011-1021.

［14］方创琳.城市群空间范围识别标准的研究进展与基本判断［J］.城市规划学刊，2009（4）：1-6.

［15］方创琳.中国新型城镇化发展报告［M］.北京：科学出版社，2014.

［16］方创琳，王振波，马海涛.中国城市群形成发育规律的理论认知与地理学贡献［J］.地理学报，2018，73（4）：651-665.

［17］方杏村，田淑英，王晓玲.财政分权、产业集聚与绿色经济效率——基于270个地级及以上城市面板数据的实证分析［J］.经济问题探索，2019（11）：164-172.

［18］封志明，唐焰，杨艳昭，等.中国地形起伏度及其与人口分布的相关性［J］.地理学报，2007，62（10）：1073-1082.

［19］格迪斯·帕特里克.进化中的城市——城市规划与城市研究导论［M］.李浩，吴骏基，叶冬青，等译.北京：中国建筑工业出版社，2018.

［20］顾朝林，赵晓斌.中国区域开发模式的选择［J］.地理研究，1995，14（4）：8-22.

[21] 谷海洪.基于网络状主体的城市群区域规划研究[D].上海：同济大学，2006.

[22] 官卫华，姚士谋.城市群空间发展演化态势研究——以福厦城市群为例[J].现代城市研究，2003，18（2）：82-86.

[23] 郭荣朝，苗长虹.城市群生态空间结构研究[J].经济地理，2007，27（1）：104-107+92.

[24] 郭荣朝，苗长虹.基于特色产业簇群的城市群空间结构优化研究[J].人文地理，2010，25（5）：47-52.

[25] 韩晶，刘远，张新闻.市场化、环境规制与中国经济绿色增长[J].经济社会体制比较，2017（5）：105-115.

[26] 赫胜彬，王华伟.京津冀城市群空间结构研究[J].经济问题探索，2015（6）：105-111.

[27] 侯韵，孙铁山.中国城市群空间结构的经济绩效——基于面板数据的实证分析[J].经济问题探索，2016（2）：80-88.

[28] 黄勤，刘素青.成渝城市群经济网络结构及其优化研究[J].华东经济管理，2017，31（8）：70-76.

[29] 霍华德·埃比尼泽.明日的田园城市[M].金经元，译.北京：商务印书馆，2000.

[30] 克里斯塔勒·沃尔特.德国南部中心地原理[M].常正文，王兴中，译.北京：商务印书馆，2010.

[31] 李赫然.基于非估计参数的资源型城市绿色经济效率分析研究[J].工业技术经济，2019，38（2）：52-58.

[32] 李佳洺，张文忠，孙铁山，等.中国城市群集聚特征与经济绩效[J].地理学报，2014，69（4）：474-484.

[33] 李顺毅，王双进.产业集聚对我国工业污染排放影响的实证检验

[J].统计与决策,2014(8):128-130.

[34] 李晓莉.大珠三角城市群空间结构的演变[J].城市规划学刊,2008(2):49-52.

[35] 李勇刚,张鹏.产业集聚加剧了中国的环境污染吗——来自中国省级层面的经验证据[J].华中科技大学学报:社会科学版,2013,27(5):97-106.

[36] 梁琦,陈强远,王如玉.户籍改革、劳动力流动与城市层级体系优化[J].中国社会科学,2013(12):36-59+205.

[37] 林伯强,谭睿鹏.中国经济集聚与绿色经济效率[J].经济研究,2019,54(2):119-132.

[38] 刘建国.城市效率的影响因素及其溢出效应:基于东北三省34个地级市的分析[J].中国区域经济,2010,2(5):31-45.

[39] 刘荣增.城镇密集区及其相关概念研究的回顾与再思考[J].人文地理,2003,18(3):13-17+51.

[40] 刘修岩.集聚经济与劳动生产率:基于中国城市面板数据的实证研究[J].数量经济技术经济研究,2009,26(7):109-119.

[41] 刘修岩,李松林,秦蒙.城市空间结构与地区经济效率——兼论中国城镇化发展道路的模式选择[J].管理世界,2017(1):51-64.

[42] 陆铭,向宽虎,陈钊.中国的城市化和城市体系调整——基于文献的评论[J].世界经济,2011,34(6):3-25.

[43] 麦克劳林 J B.系统方法在城市和区域规划中的应用[M].王凤武,译.北京:中国建筑工业出版社,2016.

[44] 梅多斯·德内拉,乔根·兰德斯,丹尼斯·梅多斯.增长的极限[M].李涛,王智勇,译.北京:机械工业出版社,2013.

[45] 孟祥林.小城镇发展的战略选择——实践证明与理论分析[J].人口学

刊，2005（2）：9-15.

[46] 孟祥林.城市扩展过程中的波核影响及其经济学分析［J］.城市发展研究，2007（1）：63-70.

[47] 孟祥林.核心城市与腹地间的关系——以京沪为例的经济学分析［J］.城市发展研究，2008（2）：13-19.

[48] 苗长虹，王海江.中国城市群发展态势分析［J］.城市发展研究，2005，12（4）：11-14.

[49] 苗洪亮，曾冰，张波.城市群的空间结构与经济效率：来自中国的经验证据［J］.宁夏社会科学，2016（5）：129-137.

[50] 倪鹏飞.中国城市竞争力报告NO.6［M］.北京：社会科学文献出版社，2008.

[51] 聂玉立，温湖炜.中国地级以上城市绿色经济效率实证研究［J］.中国人口·资源与环境，2015，25（S1）：409-413.

[52] 宁越敏.关于城市体系系统特征的探讨［J］.城市问题，1985（3）：7-11.

[53] 宁越敏.长江三角洲经济一体化研究［J］.世界地理研究，1998（2）：56.

[54] 欧阳秋，戚凤芳.绿色投资推动绿色经济发展的效率研究——基于全国各省绿色发展的面板数据［J］.北方金融，2019（8）：51-55.

[55] 庞晶，叶裕民.城市群形成与发展机制研究［J］.生态经济，2008（2）：97-99.

[56] 彭继增，李爽，王怡.地区信息化与绿色经济发展的空间关联性研究——基于空间杜宾模型的实证分析［J］.工业技术经济，2019，38（8）：99-107.

[57] 彭继增，邓千千，徐丽.OFDI对绿色经济效率的影响研究——助力抑

或阻力？［J］.金融与经济，2019（4）：49-54.

［58］齐二石，马珊珊，霍艳芳，等.基于超效率DEA的钢铁工业绿色规模经济［J］.工业工程，2008，11（4）：1-4.

［59］乔彬，李国平.城市群形成的产业机理［J］.经济管理，2006（22）：78-83.

［60］钱争鸣，刘晓晨.中国绿色经济效率的区域差异与影响因素分析［J］.中国人口·资源与环境，2013，23（7）：104-109.

［61］钱争鸣，刘晓晨.我国绿色经济效率的区域差异及收敛性研究［J］.厦门大学学报：哲学社会科学版，2014（1）：110-118.

［62］钱争鸣，刘晓晨.资源环境约束下绿色经济效率的空间演化模式［J］.吉林大学社会科学学报，2014，54（5）：31-39+171-172.

［63］秦强，范瑞.金砖国家金融发展与收入差距的动态影响机制——基于面板分位数回归的估计［J］.宏观经济研究，2018（10），154-164.

［64］瞿兆聘.长江中游城市群空间结构与经济效率影响研究［D］.武汉：武汉大学，2018.

［65］任阳军，汪传旭，张素庸，等.高技术产业集聚、空间溢出与绿色经济效率——基于中国省域数据的动态空间杜宾模型［J］.系统工程，2019，37（1）：24-34.

［66］师博，沈坤荣.政府干预、经济集聚与能源效率［J］.管理世界，2013（10）：6-18+187.

［67］孙斌栋，郭睿，陈玉.中国城市群的空间结构与经济绩效——对城市群空间规划的政策启示［J］.城市规划，2019，43（9）：37-42+85.

［68］唐菁菁，庞芳莹，范祚军.城市化进程中的空间结构与区域经济效率——基于东盟8国的经验研究［J］.南洋问题研究，2018（4）：84-104.

[69] 王兵, 唐文狮, 吴延瑞, 等.城镇化提高中国绿色发展效率了吗？[J].经济评论, 2014（4）: 38-49+107.

[70] 王春杨, 吴国誉, 张超.基于DMSP/OLS夜间灯光数据的成渝城市群空间结构研究[J].城市发展研究, 2015, 22（11）: 20+24.

[71] 王德起, 庞晓庆.京津冀城市群绿色土地利用效率研究[J].中国人口·资源与环境, 2019, 29（4）: 68-76.

[72] 王妙英, 孟祥林.城市体的产生过程与聚集作用双向影响的经济学分析[J].企业经济, 2009,（5）: 42-44.

[73] 王思博, 李冬冬, 徐金星.特色经济作物绿色生产效率影响因素及传导路径——以广昌县白莲绿色化种植为例[J].湖南农业大学学报: 社会科学版, 2019, 20（5）: 14-23.

[74] 王垚, 钮心毅, 宋小冬."流空间"视角下区域空间结构研究进展[J].国际城市规划, 2017, 32（6）: 27-33.

[75] 魏石梅, 潘竟虎, 张永年, 等.基于DMSP-OLS夜间灯光数据的中原城市群空间演变分析[J].人文地理, 2019, 34（6）: 71-81+128.

[76] 吴鑑洪, 赵卫亚, 谢祺.面板向量分位数回归及其在居民消费行为研究中的应用[J].统计研究, 2014, 31（6）: 91-97.

[77] 吴建楠, 程绍铂, 姚士谋.中国城市群空间结构研究进展[J].现代城市研究, 2013（12）: 97-101.

[78] 吴旭晓.区域绿色经济效率演化及其影响因素研究[J].商业研究, 2014（9）: 27-33.

[79] 谢婷婷, 刘锦华.绿色信贷如何影响中国绿色经济增长？[J].中国人口·资源与环境, 2019, 29（9）: 83-90.

[80] 许标文, 沈智扬, 林国华.中国畜牧业绿色全要素生产率演变及区域差异研究[J].中国生态农业学报（中英文）, 2019, 27（4）:

613-622.

[81] 徐江.多中心城市群：POLYNET引发的思考［J］.国际城市规划，2008（1）：1-3.

[82] 许学强，周春山.论珠江三角洲大都会区的形成［J］.城市问题，1994（3）：3-6.

[83] 徐永辉，匡建超.四川城市绿色经济效率测度及其影响因子的计量分析［J］.郑州航空工业管理学院学报，2019，（37）：19-31.

[84] 薛东前，姚士谋.我国城市系统的形成和演进机制［J］.人文地理，2000，15（1）：35-38.

[85] 颜鹏飞，王兵.技术效率、技术进步与生产率增长——基于DEA的实证分析［J］.经济研究，2004（12）：55-65.

[86] 杨龙，胡晓珍.基于DEA的中国绿色经济效率地区差异与收敛分析［J］.经济学家，2010（2）：46-54.

[87] 姚士谋，陈振光，朱英明，等.中国城市群［M］.合肥：中国科学技术大学出版社，1992.

[88] 姚士谋.我国城市群的特征、类型与空间布局［J］.城市问题，1992（1）：10-15+66.

[89] 姚士谋，陈爽，陈振光.关于城市群基本概念的新认识［J］.现代城市研究，1998（6）：15-17+61.

[90] 俞涵.都市圈空间结构特征对经济效率的影响——基于我国8大都市圈的检验［J］.商业经济研究，2015（9）：138-140.

[91] 袁华锡，刘耀彬，封亦代.金融集聚如何影响绿色发展效率——基于时空双固定的SPDM与PTR模型的实证分析［J］.中国管理科学，2019，27（11）：61-75.

[92] 原毅军，谢荣辉.FDI、环境规制与中国工业绿色全要素生产率增

长——基于Luenberger指数的实证研究［J］.国际贸易问题，2015（8）：84-93.

［93］张浩然，衣保中.城市群空间结构特征与经济绩效——来自中国的经验证据［J］.经济评论，2012（1）：42-47+115.

［94］张建华，李先枝.政府干预、环境规制与绿色全要素生产率：来自中国30个省、市、自治区的经验证据［J］.商业研究，2017（10）：162-170.

［95］张京祥.西方城市规划思想史纲［M］.南京：东南大学出版社，2005.

［96］张文爱，樊梦培.分类环境规制与绿色经济效率——基于省级面板数据的空间溢出分析［J］.重庆工商大学学报:社会科学版，2020，37（2）：44-43.

［97］张亚斌，黄吉林，曾铮.城市群、"圈层"经济与产业结构升级——基于经济地理学理论视角的分析［J］.中国工业经济，2006（12）：45-52.

［98］中国经济增长前沿课题组，张平，刘霞辉，等.中国经济增长的低效率冲击与减速治理［J］.经济研究，2014，49（12）：4-17+32.

［99］周一星.中国的城市体系和区域倾斜战略探讨［M］.哈尔滨：黑龙江人民出版社，1991.

［100］周一星，史育龙.建立中国城市的实体地域概念［J］.地理学报，1995，50（4）：289-301.

［101］朱英明，于念文.沪宁杭城市密集区城市流研究［J］.城市规划学刊，2002（1）：31-33+44.

［102］朱英明.城市群经济空间分析［M］.北京：科学出版社，2005.

［103］朱英明.产业空间结构与地区产业增长研究——基于长江三角洲城市群制造业的研究［J］.经济地理，2006，26（3）：387-390.

［104］Aloso W.The Economics of Urban Size［J］.Papers of the Regional Science Association, 1970（26）.

［105］Anas A, Kim I. General Equilibrium Models of Polycentric Urban Land Use with Endogenous Congestion and Job Agglomeration［J］. Journal of Urban Economics, 1996, 40（2）: 232-256.

［106］Anas A, Arnott R, Small K. Urban Spatial Structure［J］.Journal of Economic Literature, 1998, 36（3）: 1426-1464.

［107］Andersson M, Lööf H. Agglomeration and Productivity: Evidence from Firm-level Data［J］.The Annals of Regional Science, 2011, 46（3）: 601-620.

［108］Arrow K. Political and Economic Evaluation of Social Effects and Externalities［J］.NBER Chapters, 1970: 1-30.

［109］Au C C, Henderson J V.Are Chinese Cities Too Small［J］.Oxford University Press, 2006(3).

［110］Baumont C, Ertur C, Gallo J L.Spatial Analysis of Employment and Population Density: The Case of the Agglomeration of Dijon 1999［J］. Geographical Analysis, 2004, 36（2）: 146-176.

［111］Berry B.The Geography of the United States in the Year 2000［J］. Transaction of the Institute of British Geography, 1970.

［112］Boudeville J R. Problems of Regional Economic Planning［M］. Edinburgh: Edinburgh University Press, 1966.

［113］Brakman S, Garretsen H, Gigengack R, et al.Negative Feedbacks in the Economy and Industrial Location［J］.Journal of Regional Science, 1996, 36（4）: 631-651.

［114］Brezzi M, Veneri P.Assessing Polycentric Urban Systems in the OECD:

［115］Burchell R W, Listokin D, Galley C C. Smart Growth: More Than a Ghost of Urban Policy Past, Less Than a Bold New Horizon［J］.Housing Policy Debate, 2000, 11（4）: 821-879+2000.

［116］Castells M. The Informational City: Information Technology, Economic Restructuring and the Urban-regional Progress［M］.Oxford U K &Cambridge USA: Blackwell, 1989.

［117］Castells M.The Rise of the Network Society［M］.London: Blackwell Publishers, 1996.

［118］Castells-Quintana D, Royuela V. Are Increasing Urbanisation and Inequalities Symptoms of Growth?［J］.Applied Spatial Analysis and Policy, 2015, 8（3）: 1-18.

［119］Cervero, Robert.Efficient Urbanisation: Economic Performance and the Shape of the Metropolis［J］.Urban Studies, 2001, 38（10）: 1651-1671.

［120］Chow G C, Lin A L.Accounting for Economic Growth in Taiwan and Mainland China: A Comparative Analysis［J］.Journal of Comparative Economics, 2002, 30（3）: 507-530.

［121］Ciccone A, Hall R.Productivity and the Density of Economic Activity［J］.The American Econimic Review, 1996, 86（1）.

［122］Ciccone A. Agglomeration Effects in Europe［J］.European Economic Review, 2002, 46（2）.

［123］Combes P P, Duranton G, Gobillon L. Spatial Wage Disparities: Sorting Matters!［J］.Journal of Urban Econimics, 2008, 63（2）.

[124] Deng Y, Liu S, Wang L, et al. Field Modeling Method for Identifying Urban Sphere of Influence: A Case Study on Central China [J]. Chinese Geographical Science, 2010, 20 (4): 353-362.

[125] Feldman, Maryann P .The New Economics of Innovation, Spillovers and Agglomeration: Areview of Empirical Studies [J].Economics of Innovation and New Technology, 1999, 8 (1-2): 5-25.

[126] Friedman J R. Urbanization, Planning and National Development [M]. London: Sage Publication, 1973.

[127] Friedman J R. The World City Hypothesis: Development and Change [J].Urban Studies, 1986, 23 (2): 59-137.

[128] Fujita M, Ogawa H.Multiple Equilibria and Structural Transition of Non-monocentric Urban Configurations [J]. Regional Science and Urban Economics, 1982, 12 (2): 161-196.

[129] Futagami K, Ohkusa Y.The Quality Ladder and Product Variety: Larger Economies May not Grow Faster [J].Japanese Economic Review, 2003, 54 (3) 336—351.

[130] Glaeser E L, Kahn M E.Sprawl and Urban Growth [J].Handbook of Regional and Urban Economics, 2004 (4): 2481-2527.

[131] Glaeser E L, Ponzetto G A, Zou Y.Urban Networks: Connecting Markets, People, and Ideas [J].SSRN Electronic Journal, 2015.

[132] Gottman J. Megalopolis or the Urbanization of the north-eastern seaboard of the United States [J]. Economic Geography, 1957, 33 (3): 31-40.

[133] Haggett P, Cliff A D. Locational Models [J]. London: Edward Amold Ltd., 1977: 37-69.

[134] Hayes A F.Beyond Baron and kenny: Statistical Mediation Analysis in the

New Millennium [J].Communication monographs, 2009, 76 (4): 408-420.

[135] Henderson J V. The Types and Sizes of Cities [J].The American Economic Review, 1974, 64 (4).

[136] Henderson J V.Urbanization Process and Economic Growth: The so-what Question [J].Journal of Economic Growth, 2003 (8): 47-71.

[137] Hohenberg P, Lees L H. The Marking of Urban Europe (1000— 1950) [M].Cambridge Mass: Harvard University Press, 1985.

[138] Horton F E, Reynolds D R.Effects of Urban Spatial Structure on Individual Behavior [J].Economic Geography, 1971, 47 (1): 36-48.

[139] Huang Y, Lin L, Yu Y T.Does Urban Cluster Promote the Increase of Urban Eco-efficiency? Evidence from Chinese Cities [J].Journal of Cleaner Production, 2018 (10): 957-971.

[140] Krugman P. Geography and Trade [M].Cambridge: MIT Press, 1991.

[141] Krugman P, Venables A J.The Seamless World: A Spatial Model of International Specialization [J].CEPR Discussion papers, 1995.

[142] Kunzmann K R, Wegener M. The Pattern of Urbanization in Western Europe [J].Ekistics Reviews on the Problems & Science of Human Settlements, 1991, 50 (2): 156-178.

[143] Lee C I. Agglomeration, Search Frictions and Growth of Cities in Developing Economies [J]. The Annals of Regional Science, 2015, 55 (2-3): 421-451.

[144] Lin H L, Li H Y, Yang C H.Agglomeration and Productivity: Firm-level Evidence from China's Textile Industry [J].China Economic Review-greenwich, 2011, 22 (3): 313-329.

[145] Mcdonald J F, Prather P J.Suburban Employment Centres: The Case of Chicago [J].Urban Studies, 1994, 31 (2): 201-218.

[146] Meijers E J, Burger M J. Spatial Structure and Productivity in US Metropolitan Areas [J].Environment and planning, 2010, 42 (6):1383-1402.

[147] Mills E S.An Aggregate Model of Resource Allocation in a Metropolitan Area [J].American Economic Review, 1967, 57 (2):197-210.

[148] Monrgomery M R. How Large is Too Large? [J].Economic Development and Cultural Change, 1988, 36 (4).

[149] Myrdal G.Economic Theory and Underdeveloped Regions [M]. London: Duckworth.1957.

[150] Oya M, Uda R, Yasunobu C. Towards Sustainable Society on Ubiquitous Networks [M]. Laxenburg: The International Federation for Information Processing, 2008.

[151] Paci R, Usai S.Technological Enclaves and Industrial Districts: An Analysis of the Regional Distribution of Innovative Activity in Europe [J]. Regional Studies, 2000, 34 (2): 97-114.

[152] Parr J B. The Polycentric Urban Region: A Closer Inspection [J]. Regional Studies, 2004, 38 (3): 231-240.

[153] Perroux F. Economic Space: Theory and Applications [J]. The Quarterly Journal of Economics, 1950, 64 (1): 89-104.

[154] Phelps N A. Clusters, Dispersion and the Spaces in Between: For an Economic Geography of the Banal [J]. Urban Studies, 2004, 41 (5-6): 971-989.

[155] Ren W, Zhong Y, Meligrana J.et al.Urbanization, Land Use and Water

Quality in Shanghai: 1947—1996 [J] .Environment International, 2003, 29 (5): 649—659.

[156] Sassen S. The Global City: New York, London, Tokyo [M]. Princeton: Princeton University Press.2001.

[157] Sanfilippo M, Seric A. Spillovers from Agglomerations and Inward FDI: A Multilevel Analysis on Sub-Saharan African Domestic firms [J]. Review of World Economics, 2016, 152 (1): 147–176.

[158] Sbergami F. Agglomeration and Economic Growth: Some Puzzles [J]. HEI Working Paper, 2002 (2).

[159] Segal D. Are There Returns to Scale in City Size? [J] .Review of Economics and Statistics, 1976, 58 (3): 339–350.

[160] Sveikauskas L. The Productivity of Cities [J] .Quarterly Journal of Economics, 1975, 89 (3): 393–413.

[161] Verhoef E T, Nijkamp P.Externalities in Urban Sustainability: Environmental Versus Localization-type Agglomeration Externalities in a General Spatial Equilibrium Model of a Single-sector Monocentric Industrial City [J].Ecological Economics, 2002, 40 (2): 157—179.

[162] Wooldridge J.Econometric Analysis of Cross Section and Panel Data [M]. Cambridge: The MIT Press, 2001.